LA SARTEN POR EL MANGO
Encuentro de Escritoras Latinoamericanas

Colección: La nave y el puerto

Director: Arcadio Díaz Quiñones

La sartén por el mango

encuentro de escritoras latinoamericanas

edición de
Patricia Elena González
y Eliana Ortega

1985

ediciones huracán

Primera Edición, 1984
Segunda Edición, 1985

Portada: *Desnudo frente al espejo*, acrílico, Myrna Báez, 1980.
Diseño: **José A. Peláez**

Ave. González 1002
Río Piedras, Puerto Rico

Impreso y hecho en la República Dominicana/
Printed and made in the Dominican Republic

Número de catálogo Biblioteca del Congreso/
Library of Congress Catalog Number: 83-83056
ISBN: 0-940238-72-1

A Marta Traba y Angel Rama

INDICE

PROLOGO

*Este libro tiene como propósito dar testimonio de un encuentro. Un día se le ocurrió a Eliana la ambiciosa idea de reunir a escritoras y críticas/os latinoamericanas/os para entablar un diálogo sobre la mujer-escritor y su obra. Semejante empresa parecía en aquel entonces una utopía, pero a medida que elaborábamos propuestas, hacíamos contactos y escribíamos cartas, el encuentro se concretaba. Las presidentas de Mount Holyoke College, Elizabeth T. Kennan, y de Smith College, Jill K. Conway, apoyaron de inmediato la empresa, y tanto la profesora Joan Ciruti como la profesora Alice Clemente participaron activamente en el primer espaldarazo. Más adelante encontramos apoyo económico en las otras universidades, Amherst College, Hampshire College y la Universidad de Massachusetts en Amherst, como también del Five Colleges, Inc.**

Al encuentro vinieron más de doscientas personas entre estudiantes, profesores, escritoras, estudiosos, interesados y curiosos. Participaron las siguientes escritoras: Rosario Ferré, Chiqui Vicioso, Marta Traba, Elvira Orphée, Sylvia Molloy, Elena Poniatowska, Myrna Casas, Luz María Umpierre, Dolores Prida, Marjorie Agosín, Olga Casanova, Matilde Daviú y Estrella de los Ríos. Contribuyó a condimentar la experiencia la activa participación de Sara Castro-Klarén y Josefina Ludmer, lo mismo que comentarios de Gabriela Mora, Juan Bruce-Novoa, María Lugones, Alicia Borinsky, Federico Borges, George Yúdice, Efraín Barradas, Juan Gelpí, Marilyn Jiménez, Roberto Márquez, Doris Sommer y muchos otros.

* Corporación creada con el propósito de establecer y promover dinámicas interrelaciones entre las cinco universidades del área.

Se leyeron veinticuatro estudios que abordaban obras de más de veintiuna escritoras; se llevaron a cabo talleres e intensas discusiones con la participación de las escritoras y su público; se realizaron dos recitales de poesía, un taller de teatro y una lectura dramática; se discutió la problemática de la literatura femenina y la relación entre escritoras y lectores, en dos plenarias. Y sobre todo, se dialogó en pasillos, se levantaron los ánimos y las voces: creció el entusiasmo cuando se embotelló, en lugares tan remotos e idílicos, el poder de la subversión y el conjuro de las sibilas.

Para este volumen se han escogido aproximaciones teóricas, elaboraciones críticas sobre ciertas escritoras y sus obras, y algunos testimonios de las escritoras mismas. La selección es una mera muestra de lo que fue aquella experiencia, impuesta por las necesidades estructurales, editoriales y espaciales del libro. Los autores han revisado sus trabajos para esta publicación y se ha intentado, en una breve introducción, reconstruir los debates en mesas redondas y talleres.

Queremos agradecer especialmente a Arcadio Díaz Quiñones, por su sigiloso estímulo y persistente embestida. A Rosa Cabrera por su constante presencia, malabarismo y tolerancia, lo mismo que a Paloma, los días que se portó bien. Gracias también a Sylvia, Sara, Juan y Federico por entregarnos las llaves que abrían diferentes puertas a través del camino. Gracias a Mónica y Evelyn por el apoyo a la otra mitad y merced a Roberto, Martín y Camilo por el equilibrio de ésta.

INTRODUCCION

El final

> Y tenazmente seguimos buscando los recovecos adivinando señas queriendo llegar primero al final del cuento cuando lo verdadero lo único lo cierto es que no hay no existe no lo sabremos nunca.[1]

Intentar resumir analítica y coherentemente las charlas del encuentro va más allá de un suicidio, por lo tanto pretendo presentar en pocas palabras los problemas más candentes en las voces de sus emisoras. El meollo de las discusiones se centró en la existencia o no, definición o no, caracterización o no, de una escritura femenina. En nuestra experiencia de tres días, enfocar el dilema en oposiciones resultó en un no agarrar la sartén por el mango, y obviamente, se nos derramaron las palabras.

En primer lugar, la escritura femenina se trató de definir reaccionando ante la literatura masculina. Elvira Orpheé decía, por ejemplo: "Si la literatura femenina se explica como una reacción contra la literatura masculina, estamos dependiendo de la literatura masculina."[2] Gabriela Mora recordaba que no era un problema de diferenciación sino uno de jerarquía, pero al tratar de enfocar la definición bajo la categoría de marginalidad, Alicia Borinsky debatía que la literatura femenina no se

[1] Daisy Zamora, *La violenta espuma* (Managua: Colección Popular de Literatura Nicaragüense, Ministerio de Cultura, 1981).

[2] A menos que se indique, todas las citas de esta introducción fueron tomadas de la sesión plenaria: "Literatura Femenina", llevada a cabo en Amherst College el sábado, 13 de noviembre de 1983.

podía explicar en términos de su opresión, a través de una literatura reactiva, porque ello esencialmente mantenía el sistema de interlocución que la oprimía. Bastante se discutió al respecto, en círculos y por las ramas, sin que el debate encontrara salida. Alicia Borinsky expresó sentir claustrofobia al emplear un tipo de crítica reduccionista que tomaba textos escritos por hombres y textos escritos por mujeres como si fueran dos sistemas literarios totalmente distintos. Marilyn Jiménez quiso rescatar la desaparición de una literatura femenina de la mesa de discusión y recordarnos que no había que confundir texto femenino con esencia femenina. Marilyn confirma la existencia de textos femeninos porque *hay* una situación femenina, no porque haya necesariamente una esencia femenina, y mientras exista una situación femenina habrán textos femeninos.

Al no poder definir la literatura femenina en términos reactivos, se intentó señalar algunas tendencias de una escritura femenina. A humos mayores llegó la hoguera cuando Marta Traba, con muy buenas intenciones, quiso esbozarlas basándose en textos específicos de algunas escritoras. Las conclusiones tentativas de Marta no llegaron a ser nada halagadoras dentro de los códigos establecidos, ya que se hablaba de incapacidad simbólica, pobreza metafórica, reiteración y encadenamiento de hechos. El gran peligro que veía Gabriela Mora en las categorizaciones de Marta era el hecho de haber deducido ciertas propiedades de la literatura femenina basándose en escritoras de diferentes procedencias geográficas y sociales, sin tener en cuenta sus circunstancias. Marta aludía que no era que ella quisiera que escribieran así, sino que los textos estudiados confirmaban esas categorías. ¿Pero qué categorías? ¿Desde qué valorización de riqueza metafórica se hablaba... de la valorización de riqueza metafórica hecha por los críticos hombres?

Se pasó a una segunda etapa donde la oposición dejaba de ser punto de partida. Era evidente que la comparación, la diferenciación y la reacción ante un mundo de categorías y abstracciones primordialmente masculinas era una sombra paralela de constante persistencia.

María Lugones proponía la creación y construcción (¿o re-construcción?) de cánones femeninos desde el descubrimiento y la identificación de uno misma. Sus comentarios conducían al diálogo por caminos pioneros, difíciles, y hasta nos invitó a quemar las naves en pro de una forzada separación. María decía:

> No me parece que sea solamente una cuestión de diferencia entre el mundo de lo femenino y el mundo de lo masculino, ni entre el hablar de lo femenino y el hablar de lo masculino, sino el hecho de no encontrarse una misma en los símbolos y en la articulación de la expresión masculina. Por lo tanto, el afianzarse en el mundo de lo concreto y el tratar de articularse en el mundo de lo concreto, no es simplemente expresar una diferencia sino tratar de articular, de una manera que no nos traicione, el mundo de uno misma. El primer paso y el fundamental, es tratar de articular símbolos que no nos traicionen. O sea, no es simplemente una cuestión de no saber abstraer sino que en la abstracción no nos encontramos y si no nos encontramos en ella, hay que reconstruir la abstracción misma. No es falta de no haber aprendido, sino haber aprendido y precisamente el haber aprendido bien que en la abstracción misma uno no se encuentra. Así que una afianzación en lo concreto simboliza, para mí, el mundo de la mujer que uno tiene que articular.

Josefina Ludmer, a su vez, añadió que no consideraba el sistema de diferenciación como un camino definitorio. No solamente por aquello de lo reactivo de la diferenciación, sino además por la insistencia en la categoría de "lo femenino". "Lo femenino" difiere radicalmente según las clases sociales, según su procedencia de los países centrales o del tercer mundo, según la experiencia, y esa generalización permanente de "lo femenino" nos lleva a la esencialización, decía Ludmer.* Josefina creía que un pensamiento femenino debía ser desencializante, porque nosotras hemos sido víctimas de la esencialización, por lo tanto, ella rechazaba (y debíamos nosotras rechazar) cualquier categorización de lo femenino.

Alicia Borinsky se (y nos) preguntaba, si tal vez no fuera la mejor manera, y la más productiva, el encarar los textos femeninos desde el lugar donde uno está, en vez de pensar constante-

* Entre las participantes del encuentro de escritoras, no hubo forma de llegar a una definición de "la esencia femenina", aunque se hubiera querido, ya que entre ellas no sólo existían diferencias generacionales sino también experiencias vitales múltiples.

mente en las características de ese "discurso femenino". Esta propuesta quedó como uno de los puntos de partida para la articulación del mundo de la mujer de que habló Lugones.

El trabajo de Josefina, "Tretas del débil", es un buen ejemplo de una de las metodologías que podría pensarse existente en la literatura de las mujeres, pero el examen de las tretas podría también extenderse a cualquier sujeto en posición de subalternidad, no al sujeto femenino exclusivamente. Ella dice: "En este caso yo leía simplemente esa respuesta como una respuesta del inferior al superior." Ludmer, al trabajar el texto de Sor Juana, la ubica en la posición de subordinación en la que se encuentra como mujer que conoce su posición, que acepta, pero ataca; que no dice que ataca, pero que de hecho ataca. La artimaña que identifica Josefina es una que puede utilizar cualquier sujeto que tenga ante sí otro por encima de él. Cito:

> La treta consiste en que, desde el lugar asignado y aceptado, se cambia no sólo el sentido de ese lugar sino el sentido mismo de lo que se instaura en él. Como si una madre o ama de casa dijera: acepto mi lugar, pero hago política o ciencia en tanto madre o ama de casa. Siempre es posible tomar un espacio desde donde se puede practicar lo vedado en otros; siempre es posible anexar otros campos e instaurar otras territorialidades. Y esta práctica de traslado y transformación reorganiza la estructura dada, social y cultural: la combinación de acatamiento y enfrentamiento podría establecer otra razón, otra cientificidad y otro sujeto del saber.[3]

Lo que expresa Josefina en su ensayo confirma lo que María Lugones y otras exigían en la creación de nuevos códigos, de nuevos significados: aquellos donde nos encontremos e identifiquemos sin traicionarnos.

Pero, así como existe el peligro de utilizar las construcciones y referencias del poder masculino dominante para llegar a la articulación de un mundo femenino en donde nos encontremos como latinoamericanas, existe también el peligro de la infiltración y colonización de las culturas dominantes. La misma estrategia que funciona a nivel vertical funciona a nivel horizontal y, por lo tanto, la precaución de tomar conciencia de una

[3] Josefina Ludmer, "Tretas del débil", (incluido en este volumen).

simbología y codificación de un mundo masculino donde no nos encontramos existe también para aquellas modas impuestas por la cultura dominante, tanto masculina como femenina, donde tampoco nos encontramos. Mientras en las discusiones se señaló que algunas aproximaciones críticas a la literatura femenina empleaban la valorización de los cánones masculinos, también se demostró que otras aproximaciones, aunque no masculinas, tampoco articulaban la experiencia de la mujer latinoamericana. Los modelos teóricos femeninos de otras culturas, aplicados a los textos de escritoras latinoamericanas, tampoco lograban definir aquello de "la escritura femenina latinoamericana".

Diríamos que a medida que cortábamos la cebolla, llorábamos; pero al pelar las capas artificialmente superpuestas sobre nuestra identidad como mujer latinoamericana, encontrábamos un centro. Orale, a tomar la sartén por el mango y a guisar.

> El secreto de la escritura, como el de la buena cocina, no tiene absolutamente nada que ver con el sexo, sino con la sabiduría con la que se combinan los ingredientes.[4]

Patricia Elena González

[4] Rosario Ferré, "La cocina de la escritura", (incluido en este volumen).

ESTRATEGIAS

HIPOTESIS SOBRE UNA ESCRITURA DIFERENTE*

Marta Traba

El mismo título de mi trabajo sugiere que es una hipótesis. Es una hipótesis, lo cual ya sugiere por mi parte, grandes dudas y ninguna completa seguridad apodíctica de que hay una literatura femenina y que esa literatura femenina está apoyada sobre tales y cuales presupuestos. Quiero también partir de ciertas negaciones, es decir, mi hipótesis descarta algunas polarizaciones que ya aparecen manidas y obsoletas. Por ejemplo, se descarta de antemano que hay que dividir el campo entre lo masculino como lo intelectual o lo inteligente, lo femenino como lo pasional y lo sensible, así total y completamente. También pongo aparte lo femenino unido a feminista, que en otras zonas no está separado. Por ejemplo, pienso que hoy día el movimiento de literatura femenina en Francia, sobre todo a partir de una editorial que tuvo un gran éxito y que ha producido una gran cantidad de libros, que se llama *Editions des femmes,* ha realmente unido lo femenino y lo feminista, y la literatura producida y publicada a través de *Editions des femmes,* es una literatura muy beligerante, muy dispuesta a tomar las armas también por el movimiento feminista. Pero, en mi trabajo, en mi conversación, no está unido lo femenino y lo feminista. Y, otra cosa es también situar esta pequeña hipótesis en algún lugar, y ese lugar no está *contra* la literatura masculina, primera cosa, ni está por encima de la literatura masculina, ni está por debajo de la literatura masculina. Es una

* Este texto ha sido publicado en revistas de España e Hispanoamérica. El que aquí incluimos es una versión leída por Marta Traba en Amherst College durante este encuentro, transcrita por Eliana Ortega.

literatura diferente, es decir que su territorio ocupa un espacio diferente.

El punto de arranque es afirmar que la literatura femenina está en un lugar *distinto* al que se ha convenido en llamar el espacio literario, y simultáneamente rechazar todas las relaciones de lo femenino con una naturaleza, sensibilidad, sistema glandular y experiencia de vida, no porque no sean ciertos, sino precisamente porque son obvios y porque desplazan la hipótesis del campo donde quiero situarla, o sea, del mero espacio del texto. Ahí creo que se organiza un sistema expresivo propio, lo cual me obliga de antemano a recordar algo que ya casi todo el mundo sabe: que no hay *una* cultura, *una* expresión, *un* modo único de comunicarse simbólicamente, sino muchas modalidades diferentes y no jerárquicas, benéfica noción que extrapolamos de la moderna antropología, Lévi-Strauss a la cabeza, que nos ha despertado y liberado también del sueño eurocéntrico.

Para saber si el espacio del texto femenino ocupa un lugar específico, quiero precisar qué entiendo por texto literario a secas, ese lugar diseñado por una habilidad técnica de larga práctica, capaz de dar un producto elaborado, que supone a su vez, un alto nivel de abstracciones. Adscribiendo a la definición de técnica literaria dada por Michele Zéraffa, que la describe como la diferencia evidenciada entre una destrucción vivida y una deconstrucción pensada. Sitúo en seguida el trabajo del escritor entre los fragmentos de un mundo que se da a su alrededor sin ninguna unidad ni coherencia; y reconozco su capacidad para pensar un sistema o una solución artificial capaz de organizar el caos, o expresarlo como caos, depende de cuál sea su actitud, pero en todo caso, sometiéndolo a una verdadera operación transformadora, lo que indica un enfriamiento y una distancia respecto a los materiales de que dispone. Ese escritor no está *entre* su material, sino fuera o arriba de su material; no es dominado por el material, sino que lo manipula según sus previos planteamientos, en otras palabras, sabe de antemano que tiene que producir una realidad fáctica del texto, que será tanto más convincente, cuanto mayor sea su grado de autonomía. Tal autonomía no puede referirse sino a otro tipo de expresiones y básicamente al enunciado científico por una parte, y a la palabra común, lo que llama Della Volpe lo literal material, por otra. Aquella deconstrucción pensada no tiene otro modo de organizarse, sino a través de una compleja tarea lingüística, que en primer lugar descarta el lenguaje común, aunque pase a parodiarlo cada vez más, y en seguida se aboca a la creación de unidades semánticas autónomas que armen el cañamazo del lenguaje simbólico. El espacio del lenguaje simbólico estará tanto o más separado de la ideología cotidiana en cuanto su complejidad aumenta, lo que ha ocurrido visiblemente en este siglo, al complicarse la técnica por sus ambiciones de ruptura con los modelos precedentes y por su ansiedad de autonomía. Sin embargo, leyendo cuentos y novelas escritos por mujeres, no parecen centrar su interés en la concepción y planeación de un texto organizado desde afuera de lo literal/material; puede ser que esto ocurra en parte por la desventaja de la mujer respecto al entrenamiento para pensar por síntesis y abstracciones (digo desventaja por la falta de entrenamiento, no que no sea capaz de hacerlo, pero pienso que realmente no nos han entrenado en eso y que todo pensamiento que apunta a una síntesis y abstracción necesita, como todo oficio, una especie de entrenamiento) pero creo que es más importante advertir que dichos textos no se preocupan por desalojar lo literal/material, no quieren salir de ahí, sino que al contrario prefieren residir en ese mismo espacio que es un poco confuso y bastante espontáneo, pensando desde adentro las situaciones imaginarias que no se deciden a desprenderse de las experiencias vividas.

Retomando a Zéraffa, él distingue tres aspectos claramente discernibles en el discurso narrativo: (a) realidad descompuesta, (b) pensamiento descompuesto y (c) estética de la descomposición o de la deconstrucción. Es bien difícil reconocer estos tres pivotes del alcance universal de la obra en la trama de los textos femeninos, por lo que podría inferirse que tampoco tales textos están interesados en su alcance universal. Si esto fuera así, y dado que el juicio de valor de un texto depende de su nivel de autonomía, de su capacidad para crear un campo simbólico mediante una nueva estructura lingüística y de su alcance universal, los textos femeninos estarían en franca desventaja frente a los masculinos, lo cual justificaría el ostracismo a que la mayoría de la producción femenina está condenada en las antologías, las editoriales, la crítica.

Pero, ¿qué pasa si los textos se atienden desde otra óptica, donde no se tomen en cuenta las pautas de valores establecidas que acabo de diseñar? Entonces se podría tal vez advertir que: (1) los textos femeninos *encadenan* los hechos sin preocuparse por conducirlos a un nivel simbólico. (2) Se interesan preferentemente por una *explicación* y no por una interpretación del universo; explicación que casi siempre resulta dirigida también al propio autor, como una forma de esclarecerse a sí mismo lo confuso. (3) Se produce una continua intromisión de la esfera de la realidad en el plano de las ficciones, lo cual tiende a empobrecer o a eliminar la metáfora y acorta notablemente la distancia entre significante y significado. (4) Se subraya permanentemente el detalle, como pasa en el relato popular, lo cual dificulta bastante la construcción del símbolo. (5) Se establecen parentescos, seguramente instintivos, con las estructuras propias de la oralidad, como repeticiones, remates precisos al final del texto, cortes aclaratorios en las historias. Estas características coincidieron en una serie de textos que fueron estudiados con un grupo de compañeros en un seminario de la Universidad de Maryland. Ahí se analizaron cuentos de las brasileras Lygia Fagundes Telles y Clarice Lispector, la puertorriqueña Rosario Ferré, las argentinas Elvira Orphée, Alicia Steimberg y Liliana Heker, las mexicanas Rosario Castellanos y Elena Poniatowska, la venezolana Laura Antillana. Igualmente se podrían haber subrayado otros cuentos, por ejemplo, de Carson McCullers o Doris Lessing, de Jean Rhys o Flannery O'Connor, de modo que no resultaba arbitrario anunciar la posibilidad de otro discurso, otro discurso paralelo a la vida en cambio de serle divergente, donde el testimonio y la experiencia no se enfriaran en una estructura que era el material, sino que se acumularan en una suma irrevocablemente mezclada con el material vivido. Los cuentos resultaron tan distantes de la intención de conseguir estructuras abstractas donde apoyarse, como próximos a ritos, convocatorias, profecías, miedos, violencias. Esto confiere al nuevo discurso, al otro discurso, al discurso femenino, una alta emotividad, emotividad que a su vez reposa mucho menos en la invención que en la memoria. ¿Qué pretende ese nuevo discurso? ¿Crear otro modelo? Yo no estoy nada segura de ello. Mientras que en cambio, se me hace evidente que en la mayoría de los textos leídos, la intención directa o velada de probar lo real, era el único modelo, de probar algo, de contar una verdad, de pasar una verdad, transmitirla. Esto justificaría el carácter descriptivo y táctil del lenguaje, más pictórico, más cercano a la imagen y a las analogías del signo estético, que a la arbitrariedad del signo lingüístico. Si se desdeña la creación de un modelo, que es al fin y al cabo la primera finalidad del texto literario, hasta ahora establecido por hombres, adecuados y enmarcados por hombres —¿para quién se escribe?

Pierre Bourdieu, en su libro que se llama *La distinction*, afirma que el acceso a la obra de arte requiere instrumentos que no están universalmente distribuidos, puesto que quien los posee guarda para sí los beneficios. El texto literario tendría una circulación limitada a la esfera donde se reconoce su eficacia y se acepta el modelo propuesto, fuera de lo cual quedan, lo que Pierre Bourdieu llama las contraculturas. Ya sea desde la vertiente de la "contracultura buscada", de la gente que "se quiere" al margen, que se sabe al margen, que se sabe dominada y que no puede salir de su dominación; ya sea desde la contracultura constituida por marginados sociales, ahí coloca lo popular, lo contestatario e increíblemente coloca Bourdieu también lo femenino. Lo mejor de su trabajo es la tarea que le sugiere a la contracultura; le sugiere dejar de ser culturas sumergidas y transformarse en movimientos capaces de tomar distancia y aceptar sus peculiaridades, sin tratar de imponerse en forma invertida, es decir, montándose sobre el contrario. Es decir, no que una mujer trate de escribir como un hombre, sino que acepte escribir como mujer. Este último error ha sido frecuente en los grupos de liberación femenina planeados "contra" los hombres y no *desde otro lugar*, que en el caso de la literatura, podría ser realmente estratégico. Desde esa posición, las escritoras alcanzarían un receptor más general, como el que consigue el cuento popular o la literatura oral, o el mismo restringido receptor culto, pero que debería manejar entonces instrumentos de juicio adecuados a la especificidad de la literatura femenina.

La creciente complejidad del texto literario atrincherada en nuestros días en lo que se ha llamado el espacio de la subversión, y practicando fracturas frontales con lo precedente, ha disminuido desde luego el alcance de sus proyecciones. Cada vez son menos los beneficiarios, como ocurre también con el arte contemporáneo, y mayor el número de marginados culturales. Si el texto femenino queda situado en un espacio próximo a éstos últimos, a los marginados culturales, en otras palabras si opera, como realmente lo hace, desde la marginación, podría perfectamente intermediar como lo hacen todas las contraculturas, entre el productor solitario y el receptor desconfiado, que es lo que hoy se presenta como situación de receptor/emisor. Desde hace veinte años, cuando comenzaron a perfilarse los avances de lo que Enzensberger llamó las "vanguardias en el vacío", tanto en lo literario como en lo artístico, la relación productor/receptor se complicó en una enmarañada trama de mediaciones, de modo de no perder de vista la cadena de montaje que supone la existencia de un autor y un lector, o de un artista y un espectador. Tengo la impresión que la literatura femenina paternalmente admitida como una expresión menor, desde las pautas de valor formuladas por los hombres, en cambio de disimular su condición, en cambio de hacer buena letra, en cambio de tratar de desprenderse de sus adherencias con la realidad y alcanzar un buen nivel de abstracciones simbólicas, podría constituirse en un fuerte mediador, si aceptara y explotara su especificidad. Nadie considera que una escultura de Nigeria del siglo XV deba apreciarse con las pautas de valor del Renacimiento italiano, por ejemplo. ¿Por qué la literatura femenina expresada desde un lugar de la sociedad marcado por la marginación económica y cultural tiene que leerse según las perspectivas del texto literario? Se me dirá que *es* un texto literario; de acuerdo, *es* un texto literario, pero es un texto literario distinto. No entiendo por qué esta literatura no ha recibido un tratamiento tan riguroso como tuvo por ejemplo, el cuento popular.

Una de las mayores pruebas de secular sometimiento, es que esta literatura no se reconozca a sí misma; que busque encubrirse y pasar desapercibida, sin advertir que su sistema expresivo está fuertemente potenciado por una experiencia particular, de percepción, elaboración y proyección, de la que debería sacar partido.

Dice Bourdieu: "Hablar, en cambio de *ser hablado*, podría ser una de las tareas de la contracultura." Si tomamos conciencia de nuestra marginación y, por añadidura, de nuestro lugar en la contracultura, nos sería fácil rechazar *ser hablados* por otros.

Ser hablado es admitir que no hay nada por decir. Situación de inferioridad que ya ha quedado atrás, y que se ha superado de facto por una masa de literatura femenina a la espera de que se la aprenda a leer correctamente.

LA CRITICA LITERARIA FEMINISTA Y LA ESCRITORA EN AMERICA LATINA*

Sara Castro-Klarén

Hace poco una escritora francesa nos volvió a recordar la cruel, difícil y central cuestión del ser femenino. Ella escribe:

> ¿Dónde está ella?
> actividad/pasividad
> sol/luna
> cultura/materia
> día/noche
> ....
> logos/pathos
> hombre
> ________ (sobre)
>
> mujer

Este texto de Hélène Cixous habla de dos tenores dominantes, y a veces fragmentarios, en la ideología feminista: (a) el reconocimiento de la opresión sexista en la sociedad patriarcal, y (b) la necesidad de constituir un sujeto femenino (identidad) en un mundo falogocéntrico.** No hay duda de que todos los

* Traducción del inglés por Carlos Domínguez, Universidad de Wisconsin, Milwaukee.

** Derrida en su crítica a Lacan en "La question du style" deja relucir que el discurso psicoanalítico identifica el falo con el logos en tanto que figuran como entidades trascendentes en las que se funda el significado. Por lo tanto "falogocentrismo" representa la fusión del falocentrismo con el logocentrismo de Occidente. Para más detalles véase el texto de Derrida, el artículo de Carolyn Burke "Irigaray Through the Looking Glass" en *Feminist Issues* (1981) y los textos de Luce Irigaray.

términos con que se ha iniciado este trabajo son nuevos, inestables y además cuestionados dentro y fuera de los círculos intelectuales feministas. Algunos, por ejemplo, cuestionan si en realidad el feminismo, como lo hemos llegado a conocer en los últimos veinte años, es en efecto una ideología, en cuanto pueda o no definirse como sistema de creencias políticas que explica los aspectos cognoscitivos y psicológicos de nuestra realidad. Un sistema que sea "capaz de describir y explicar una realidad y también capaz de plantear un futuro plan de acción para cambiar la realidad presente en la búsqueda de sus valores y objetivos manifiestos" (Funlenwider, 1980, p. 22). Para mí no hay duda de que el feminismo —si por él entendemos la salva inicial de Beauvoir, Friedan, Millet; y de muchos otros estudios empíricos y teóricos que ahora rebalsan los estantes de bibliotecas con textos feministas en economía, antropología, historia, literatura, biología, leyes, filosofía y especialmente psicología y psicoanálisis— de hecho constituye un cuerpo descriptivo de conocimiento sobre la mujer y su posición universal en relación con los hombres. Un cuerpo suficientemente extenso, diría yo, al menos para satisfacer la exigencia descriptiva. Hay, además, un acuerdo fundamental con respecto a la exactitud de esta descripción. En cuanto a los objetivos, el feminismo está marcado por una escala de pasos preferenciales en cuanto a lo que se debe hacer de inmediato: (1) la reforma feminista busca la igualdad y la eliminación de los prejuicios sexistas en el mundo, en cuanto se constituyen en poder masculino, como una forma de solucionar la injusticia de la situación. (2) El feminismo socialista busca, entre otras cosas, las vías revolucionarias de estructurar las fuerzas de la producción y la reproducción (biológica y social) para que las mujeres no sean doblemente castigadas, como lo son hoy día, en la situación y fábula de la familia. (3) Un sector del feminismo radical llega al extremo de soñar con un espacio separado donde la mujer, sin interferencia masculina ninguna, pueda escapar la opresión y así llegue a conocerse y a afirmarse en relación con otras mujeres.

Se puede ver, entonces, una fehaciente base común en la búsqueda de los objetivos del feminismo: la erradicación del sexismo en los niveles ideológico y práctico de la experiencia con el concomitante acceso e incremento del poder de la mujer. En la actualidad, esta postura se podría presentar a modo de respuesta a la mal intencionada pregunta-reproche de Freud: ¿Qué quieren las mujeres? El caballero no sabía la respuesta. Judith Van Herick ha demostrado en su reciente libro *Freud on Femininity and Faith*, (1982) que él no podía saberla, aún si se lo hubiera propuesto, porque su propio sistema de categorías, su propio planteamiento de orígenes, su propia teoría sobre la represión y la civilización se fundan en lo que él, junto con el resto de la tradición occidental, ha llamado Lo Femenino. Para Freud la mujer no pasa por las pruebas de renunciación en relación con la figura paterna, y así en vez de adquirir el principio de la realidad, simplemente busca satisfacción en su relación con el Padre divino. Dado que la mujer confunde todo el proceso, ella termina siendo la corporización de un super-ego débil. Por eso posee un pobre desarrollo del sentido de la moralidad, está investida de un intelecto restringido y está en oposición al avance de la cultura, además de tener un insuficiente respeto por la realidad. Los hombres, al contrario, dan el difícil paso más allá de la ilusión y llegan a crear la ciencia. Para los hombres, quienes han internalizado las restricciones paternas, la autorrealización sólo existe en el orgullo que deriva del sacrificio de los deseos en el fortalecimiento del super-ego (Van Herick, 1982, pp. 190-192). Van Herick demuestra que en su preeminencia, la paternidad para Freud se alía con la razón, la realidad y la civilización, y por lo tanto, con valores intelectuales, éticos y culturales (p. 94). Para Freud la feminidad, es entonces, más bien una desviación de lo universal y normativo... representa las tentaciones sensuales fuera del ámbito de la razón, de la realidad y de la cultura, y fuera del ideal humano. La masculinidad se adquiere rechazando lo femenino. La maternidad es anterior y hostil a la cultura. En el sistema de Freud estas creencias se transforman en una teoría "científica" de la civilización.

Es esta amalgama de biología reestructurada en cultura; sus orígenes y significado, que se ha convertido en la cuestión candente del feminismo actual. Creo que algunas de las feministas radicales francesas presentan el problema con mayor elocuencia cuando enfatizan que "cualquiera sea el origen de esta opresión —biológico, económico, psicológico, lingüístico, ontológico, político, o cualquier combinación de estos— una polaridad de opuestos basada en la analogía sexual organiza nuestra lengua y a través de ella, dirige nuestra manera de percibir el mundo" (en Elaine Marks, ed. *New French Feminism*, 1981, p. 4).

No requiere mucho esfuerzo notar que el problema más agudo de la ideología feminista surge así no tanto al nivel político, sino al nivel de conceptualización y análisis. No saber dónde se sitúa la mujer, o qué quiere, no ha sido un impedimento para proveer una descripción de la situación concreta en que las mujeres existen. Nos deja sin embargo atrapados en un sistema de oposiciones que, me parece, produce la sensación incipiente e inquietante de que si la mujer no es hombre, debe ser mujer (¿verdad?), *pero* que si la mujer no está realmente marcada por el signo de las oposiciones y es, al contrario, como lo dice Freud, "anterior" al hombre, o está marcada por la relación horizontal del inferior, en sumisión y renunciación, y además, el hombre lo piensa como una simple relación en su sistema de relaciones (parentesco, lengua); si ella es lo no esencial en relación con lo esencial, si ella es lo incidental en relación a lo absoluto que es el Hombre, (S. de Beauvoir, *The Second Sex*) entonces debemos concluir que ella no es ni siquiera el "otro" existencial de Beauvoir, porque ni siquiera es objeto, porque ha sido negada más que objetivada como el otro término propio de la oposición. Virginia Woolf, en su dispersa pero mordaz crítica de la lengua, reconoce la magnitud del problema cuando con cierta timidez afirma: " 'I is only a convenient term for somebody who has no real being" (V. Woolf, *A Room of One's Own,* Harcourt Brace Jovanovich, New York, 1957, p. 4).

El reconocimiento incompleto de la mujer como sujeto a menudo ha conducido a investigaciones basadas en una lógica de identidad oposicional planteada de modo inadecuado. Tomemos por ejemplo el sistema de preguntas y respuestas basado en las simples oposiciones de escritor/escritora; estética masculina/estética femenina, con que se ha intentado racionalizar la cuestionante voz femenina en relación al problema de autoría. En general se ha utilizado ante el mundo masculino de la escritura el siguiente péndulo lógico: "¿Qué debe hacer la mujer? En última instancia, (reza la respuesta), ella debe escribir como mujer, ¿qué otra solución hay?". De esta respuesta —que al mismo tiempo, se constituye en definición— surgen los estudios de los textos firmados con nombres de mujeres para así determinar cómo existen, razonan, sienten y escriben las mujeres. De aquí resulta la necesidad de adelantar hipótesis, tales como la de la "imaginación femenina", las que a su vez pasan inmediatamente a convertirse en tesis. Esta tesis de "la imaginación femenina", que encarna el tremendo riesgo de convertirse en una versión de un "determinismo biológico" en otros ámbitos, sería reconocida como instancia primaria del anti-feminismo y del sexismo que acabamos de ver en Freud (Kamuf, en *Women in Language, Literature and Society*, 1980, p. 284).

Si presumimos que los textos de mujeres, textos escritos y firmados con nombres de mujer, de hecho contienen o se convierten en una categoría para el análisis y constitución del sujeto femenino, se podría decir que construimos una tautología en vez de un implemento analítico. Presumiríamos aquí que una identidad fija, casi fuera del contexto cultural, establece lo que las mujeres son y lo que las mujeres hacen, de acuerdo con los dictados de la interpretación de una "imaginación femenina". Tendríamos pues que aceptar que basándonos en el estudio de unas cuantas escritoras, —las que viven y escriben como miembros de una clase y sociedad específica en un momento histórico determinado,— podríamos establecer una categoría universal de análisis, la que no sólo describe sino que exige una serie de temas, imágenes y posiciones ideológicas en relación (a) a la tradición escritural denominada por el hombre, y (b) a la imagen de la mujer, en esa sociedad y esa literatura. El estudio de este tipo de crítica literaria temática, y orientada hacia valores de personificación, revela un abordaje ingenuamente representacional y a veces resulta ser contradictoriamente a-histórica. El valor rescatable de libros tales como *The Female Imagination* está en el residuo empírico del análisis de la imagen de la mujer en textos producidos en la Inglaterra del siglo XVIII. Nada más. Afirmar que "por cierto la mente tiene un sexo, y no es menosprecio de la mujer el tenerlo", tal como lo hace Patricia Spacks, en *The Female Imagination*, y luego añadir que "de todas maneras, por razones históricas fácilmente discernibles las mujeres característicamente se han preocupado por asuntos más o menos periféricos a los asuntos masculinos... y la diferencia entre preocupaciones y roles tradicionales femeninos y masculinos representa diferencias en la escritura", es yuxtaponer categorías de pensamiento o posiciones políticas diversas. No se puede reconciliar, o alternar entre las nociones de diferenciación mental debida a identidad sexual con los roles genérico-sociales impuestos o enseñados por una sociedad, sin recurrir a complejos implementos de mediación. No se puede tan llanamente ir de ida y vuelta entre identidad intelectual sexual y roles sociales, y salir luego con la conclusión de que entre escritoras como Jane Austen, las Brontë, George Eliot y otras menos conocidas se formara una sororidad de autoría femenina.

No hay duda de que sí se puede "ver un *continuum* imaginativo, la recurrencia de ciertos patrones, temas, problemas e imágenes de generación en generación" (Showalters sobre Spacks, p. 9). Pero lo que necesitamos preguntarnos es de qué manera este fenómeno socioliterario es analíticamente diferente de fenómenos similares en la tradición masculina. Pienso en el *continuum* de imágenes, recurrencia de temas y preocupaciones tradicionalmente agrupadas para distinguir entre escuelas, períodos y movimientos regionales. Más aún, si oponemos "otros" textos femeninos, textos femeninos de "otra tradición", digamos, *Hasta no verte Jesús mío, Retrato de familia, Papeles de Pandora, En breve cárcel* y *Lazos de familia,* dudo mucho que la "imaginación femenina" —es decir una sensibilidad que se revele a sí misma a través de imágenes específicas de la mujer, o que el rol diferente de la mujer como motivadora de imágenes y patrones— pueda producir una coincidencia entre las escritoras inglesas de los siglos XVIII y XIX y mujeres como Elena Poniatowska, Rosario Castellanos, Rosario Ferré, Sylvia Molloy o Clarice Lispector.

Peggy Kamuf, una aguda crítica de *The Female Imagination,* cuestionando el todo de la noción de "la escritura femenina" —ya ahora descartada gracias a varios estudios detallados— escribe: "Descubrimos que por escritura femenina Spacks banalmente entiende obras escritas por seres biológicos determinados como las hembras de la especie" (Kamuf, 1980, p. 285). Existe en el abordaje a la literatura bajo el tenor de "imaginación femenina" una marcada ausencia de análisis del problema de autor o/y autoría. Kamuf sugiere una alternativa a este tipo de "crítica feminista", una estrategia de lectura textual situada más allá del sexo del "autor" y capaz de desenmascarar la verdad con que el falocentrismo esconde sus ficciones. Así primeramente miraríamos detrás de la "máscara del nombre propio, el signo que asegura nuestra herencia patriarcal: el apellido del padre como índice de identidad sexual" (Kamuf, 1980, p. 286).

En *A Literature of their Own*, 1977, Elaine Showalters sobriamente advierte sobre los peligros de las generalizaciones sobre la escritura de mujeres en base a muy pocos ejemplos. "La crítica ha reducido y condensado el extraordinario campo y la diversidad de las novelistas inglesas a un pequeño grupo de las más notables, y luego ha procedido a derivar teorías basadas en ellas" (p. 7). Aunque Showalters admite que hay repeticiones y preocupaciones temáticas en común, su estudio reconoce la necesidad de deshacerse de muchas de las presunciones actuales sobre la mujer y sobre la escritora para comenzar a cuestionar algunas de las frases claves en que estas presunciones se fundamentan. Frases tales como "imaginación femenina", "estética femenina", "cuartos propios", "literatura propia" (prescripción de J. Stuart Mills), "la mente femenina", etc.

Examinando los trabajos de Virginia Woolf y Dorothy Richardson especialmente, Showalters demuestra cómo la incuestionada adopción por parte de Richardson de la noción de una estética femenina se convierte para ella en una racionalización de sus propios problemas individuales de novelista; problemas que Woolf, la proponente de una estética femenina, no enfrentó, o fue capaz de resolver a medida que escribía. Richardson elaboró una teoría que proponía lo informe como la expresión natural de la empatía femenina, y lo estructurado como signo de la limitación masculina (Showalters, 1977, p. 256). Así Richardson afirmaría que "los hombres podían ser ordenados porque percibían muy poco" (Showalters, 1977, p. 256). No es difícil ver que Showalters se propone demostrar que la "estética femenina" en Inglaterra fracasó como anclaje para la autonomía artística del "cuarto propio", ya que fundamentalmente "transformaba el código femenino de autosacrificio en la extinción del ser narrativo y aplicaba el análisis cultural de las feministas a palabras, oraciones y estructuras del lenguaje en la novela" (Showalters, 1977, p. 33). "Porque vieron un mundo dominado por el ego y la violencia", un mundo que la estética femenina rechazaba, la "ficción de esta generación parece extrañamente impersonal y renunciatoria al mismo tiempo que es abierta e insistentemente femenina" (Showalters, 1977, p. 240). En vez de ser una vía de autorrealización "la estética femenina se convierte en otra forma de autoaniquilación para las escritoras... [Esta estética] significó una retirada de la experiencia física de la mujer, retirada del mundo material, retirada a cuartos separados y ciudades separadas" (Showalters, 1977, p. 240).

Showalters va aún más allá en su crítica de la estética de Richardson y afirma que en este caso "la conciencia femenina se convierte en un mundo estéril y cerrado" (Showalters, 1977, p. 258). La autora de *A Literature of their Own* concluye que privilegiar "otras formas de saber" junto con la "conciencia pasiva" de Woolf, a expensas del testimonio de la experiencia, sujeta a la mujer y la obliga a la repetición de gastados estereotipos. Tal estética femenina le niega la libertad de explorar nuevos asuntos para que así pueda "reemplazar las imágenes secundarias y artificiales de la mujer, recibidas de una sociedad masculina, con entidades auténticas y primarias" (Showalters, 1977, p. 318).

A esta crítica de la mente femenina como resultado de una biología única, se han unido otras feministas. Ya no se pueden repetir las opiniones neurológicas de Virginia Woolf en relación con las diferencias entre la mente femenina y masculina, basadas en la noción biológica infundada de que "los nervios que alimentan el cerebro difieren entre hombre y mujer". Afirmaciones como éstas, como dice Annette Kolodny, a lo mucho podrían mantenerse como representaciones metafóricas de la diferencia en experiencia que caracteriza a la entidad sociobiológica masculina de la femenina. Algunas de estas feministas apelan al estudio individual de textos escritos por mujeres para que el conocimiento sobre la escritura femenina pueda proceder de una manera acumulativa a inductiva (Kolodny, 1975, p. 41). A pesar de que este procedimiento sería mejor, también presupone la elevación de la mujer a un concepto universalizante, es decir, a la contrapartida del HOMBRE.

Habiendo visto las insuficiencias teóricas y prácticas de la "estética femenina", como fue formulada en la década de los veinte en Inglaterra, y su reciente reproducción en la crítica en este lado del Atlántico del Norte, nos encontramos después de un viraje en el camino, de vuelta al punto de partida de la búsqueda: ¿Dónde está la mujer auténtica, ella misma? Estamos aún plagadas por el problema de la identidad y por tanto, por la lógica de la identidad. De acuerdo con la teoría de la literatura que informa a *The Mad Woman in the Attic,* 1979 (otro de los libros capitales del feminismo norteamericano) por ejemplo, la escritura de las mujeres que Gilbert y Gubar examinan bajo el lente de categorías patriarcales, tales como la ansiedad de la influencia de Harold Bloom, se convierte en "una búsqueda de la mujer por su propia historia, por su autodefinición" (Gilbert y Gubar, 1979, p. 76). Luego haré algunos comentarios sobre la loca *criolla* en el ático, pero ahora permítanme hacer dos observaciones sobre las generalizaciones de Gilbert y Gubar concerniente a la escritura femenina: (a) cómo difiere de la escritura masculina en cuanto ¿no son todos los textos masculinos supuestamente sobre el Hombre, su identidad, su naturaleza, su condición en la tierra y en el cielo? ¿No es éste el valor principal y cliché de la literatura? (b) Esta segunda observación tiene que ver con la cuestión de identidad y su búsqueda como el común denominador tautológico de la escritura femenina: ¿no sería la escritura de cualquier otro sujeto (cartesiano, sartriano, moderno, humano o antropomórfico) de alguna manera sobre sí mismo, sus actos, su lugar, su espacio, etc.?

Cuando se lee a feministas provenientes de otra vertiente de la tradición de occidente, parece que el problema de la identidad como una herramienta crítica de análisis residiera en la manera global en que se lo ha concebido. Desde un punto de vista histórico, la "identidad femenina" ofrece problemas análogos a aquellos ya examinados con relación a la "imaginación femenina". Esto sucede en parte porque ambos términos responden al sentido idealista y tradicional de identidad como algo visible, fijo, constante y siempre igual a sí mismo. Creo que la crítica de Luce Irigaray a la "ciencia" occidental (especialmente al psicoanálisis) muestra claramente que este sentido de identidad ha sido indispensable para la posibilidad de representación en la lengua y en otras estructuras simbólicas de Occidente, y ha sido también fundamental en la elaboración de la teoría de la diferenciación femenino/masculino. Desde la misma tradición post-nietzscheana, Julia Kristeva, redirigiendo la afirmación de Derrida sobre la imposibilidad de buscar a la mujer o lo femenino, escribe respecto a la identidad femenina que "lo femenino es aquello que es imposible decir aunque es formulado por la metafísica" (Jardine, 1981, p. 10). Creo que lo que Alice Jardine dice en el prólogo a la obra de Julia Kristeva, *Woman's Time* (1981), sobre el sentido del sujeto femenino en la escritora francesa, comienza a proponer ya otro modo de repensar el problema de identidad: "lo femenino en sí mismo y lo femenino como lo redefine Kristeva, se encuentran atrapados en una serie de redes semánticas que hacen difícil elucidar desde dentro el paradigma identidad/diferencia que nos ha legado la historia" (Kristeva, 1981, p. 10). Así, el problema de la identidad de la mujer, es decir, el acceso a su conocimiento, se relaciona directamente con el sistema de sobre-determinación de la representación que hemos heredado del pensamiento occidental, y por lo tanto, a su actual crisis. Luce Irigaray, enfatizando la oposición visibilidad/masculino-invisibilidad/femenino que regula el núcleo de identidad en las teorías psicoanalíticas de Freud y Lacan, escribe que puesto que lo femenino ha sido concebido simplemente como "la contrapartida de lo masculino, la mujer ha quedado fuera de la teoría, porque como en el sexo femenino no hay nada que percibir, la sexualidad femenina se convierte en un hueco", (en Carolyn Burke, 1981). Es imposible saber, en el contexto del discurso freudiano qué quieren las mujeres, porque ellas no tienen nada con qué proyectar su *deseo*. El sexo masculino es el proveedor de identidad porque es unitario, es la representación de lo unívoco, mientras que el sexo de la mujer y por tanto su lengua, se manifestarán ante la lógica masculina como lo plural, autoerótico y difuso. De esta forma, "la lengua y el sistema de representación que se origina en el establecimiento de las diferencias sexuales, aunque establece el sexo masculino como identidad y unidad, no puede traducir el deseo de la mujer" (C. Burke sobre Irigaray, 1981). En su discusión sobre el pensamiento de Irigaray, Carolyn Burke dice que para la analista francesa la solución al problema de identidad es desmantelar (deconstruir) las estructuras metafísicas y retóricas operantes en los textos (en todos los textos), no con el propósito de rechazarlas sino para reinscribirlas de otra manera. Irigaray específicamente cuestiona las estructuras de oposición binaria:

lo mismo/lo otro
sujeto/otro (objeto)
masculino/femenino
visible/no visible
pene/vagina

"El propósito no es neutralizar las estructuras oposicionales, sino más bien demostrar la desigualdad de los términos atrapados en la oposición" (Burke, 1981, pp. 294-295). Esta propuesta coincide en muchas maneras con la propia llamada de Kristeva a la deconstrucción de la oposición identidad y diferencia para comenzar a percibir el sujeto femenino. Las dos teóricas reinscribirían el término inferior de la oposición con un *status* diferente para no reproducir la opresión anterior en los términos binarios masculino/femenino. Siempre consciente y sospechosa de nuestros sistemas de representación, Kristeva enfatiza la noción de que la nueva inscripción produciría no tanto nuevas fábulas sexuales —basadas en la vagina y/o el falo y la familia— sino más bien una comprensión del lugar que nos puede tocar en lo que ella llama un contrato simbólico. Kristeva presenta el problema central de la siguiente manera: "Si el contrato social, lejos de ser el de la igualdad entre los hombres, se basa en una relación signada por el sacrificio [teoría freudiana de la renunciación], por la separación y por la formulación de diferencias esencialmente sacrificatorias capaces así de producir un significado comunicable, ¿cuál es nuestro sitio en este orden de sacrificio y/o lenguaje?" (Kristeva, 1981, p. 23). La búsqueda, por tanto, no es de identidad sino de un espacio desde el cual podamos hablar, el cual se convierte para Irigaray en un espacio "más allá del espejo [es decir lo femenino como reflección de lo masculino], un lugar más allá de la economía psíquica del patriarcado, más allá de la ciencia unificada de Occidente" (Irigaray en *Speculum de l'autre femme,* 1974). Tal lugar, entonces, sería anterior al sitio edípico, sería un lugar fuera de la operación de renunciación o realización de la unidad patriarcal, un lugar donde el deseo de la mujer pueda pasar de ser *el sexo que aún no es ni uno* hacia la formulación de una figura que permita evitar nuevas reapropiaciones dentro del sistema humanista.*

A pesar de sus dislocaciones laberínticas, parecería que el nuevo feminismo francés, llamado "antifeminismo" por su posición "antihumanista", desdeñadora del liberalismo anglosajón, se asienta en el reconocimiento general de que lo que se necesita para la construcción de la mujer es la subversión de los sistemas masculinos de representación que hemos heredado. Para algunas, la exploración de la constitución y funcionamiento del contrato simbólico de Kristeva, empezando con el

* Humanista = el *hombre* como centro y medida de todas las cosas. Antihumanista = el Hombre, como Dios ha muerto.

"efecto personal de la experiencia cuando uno enfrenta el contrato como sujeto y como mujer", (Kristeva, p. 24) basta para iniciar el proceso. Este paso pondría de relieve la singularidad de cada persona tanto como la multiplicidad de la identificación del individuo.

II

Creo que habiendo cimentado el camino para trasponer la cuestión idealista de la identidad en la búsqueda e investigación de y sobre la mujer como sujeto de su propia experiencia, haríamos bien en recordar el hecho de que la formulación de un conocimiento subversivo es en parte posible por la irreparable escisión practicada en la ciencia de Occidente desde Nietzsche y compañía hasta el presente. De especial interés para este trabajo es lo que Foucault llama "la insurrección de los conocimientos subyugados". En *Power/Knowledge,* Foucault, (1980), explica que por conocimiento subyugado entiende dos cosas. Por un lado se refiere "a los contenidos históricos que han sido enterrados y enmascarados en una coherencia funcionalista o sistematización formal, [porque] sólo los contenidos históricos nos permiten redescubrir los efectos de ruptura de conflicto y lucha que el orden impuesto por el pensamiento sistematizante intenta enmascarar" (p. 82). Por otro lado, Foucault también entiende por conocimiento subyugado el "compuesto de conocimientos que han sido descalificados por ser inadecuados para la tarea o insuficientemente elaborados, conocimientos *naive,* localizados al *fondo* de la jerarquía, *debajo* del nivel requerido de cognición o cientificidad" (p. 82). Parcialmente liberado de la "tiranía de los discursos globales", Foucault nota que la fuerza de este conocimiento diferencial y local* se "debe sólo a la aspereza con que se opone a todo lo circundante" (Foucault, 1980, p. 82). El filósofo francés se refiere, por supuesto, a sus propios textos, y por tanto afirma que su discurso es un "conocimiento fundado en y sobre la lucha y supresión, consciente de su ilegitimidad, un conocimiento que se inscribe contra las pretensiones de un cuerpo unitario de teoría" (p. 83).

* local = "autonomous non-centralized theoretical production —one whose validity is not dependant on the approval of the established regime of thought" (p. 81).

Este tipo de conocimiento así generalmente descrito, comienza a tener visos familiares para el lector y crítico de la cultura latinoamericana. Las razones son históricas y bien conocidas. Para comenzar, el escritor latinoamericano, tanto como el crítico de literatura latinoamericana ya da por sentada la cuestión de un nuevo lenguaje apropiado, elaborado para y por nosotros los iberoamericanos, un lenguaje capaz de expresar nuestro mundo y nuestra experiencia como los hemos vivido, un lenguaje que está más allá del que hemos heredado de Europa. El problema de la reinscripción de la literatura latinoamericana en la tradición europea dominante, y por tanto, alienante, marca nuestra literatura desde el Inca Garcilaso, pasando por los cronistas indígenas de la invasión europea, Sor Juana, hasta Guimaraes Rosa y Cortázar. Fue sólo en los años sesenta que el dinamismo del problema de la autenticidad parecía disminuir en el número de revoluciones ante la creencia de que después de tantos experimentos de apropiación, algunos fracasados y otros exitosos, finalmente se había encontrado *un lugar desde* el cual expresar nuestra experiencia, en las voces de escritores como Vallejo, García Márquez, Arguedas, Rosario Castellanos y tantos más. Y aún así, no se puede dejar de notar que esta insurrección ha sido y ha sido vista como la casi exclusiva actividad de una tradición masculina y machista.

Si nos propusiéramos aquí la enumeración de un memorial de actos, rebeliones políticas e intelectuales de cada generación latinoamericana desde la ilustración hasta el presente —hágase memoria de nuestros primeros libros de descripción de fauna y flora, de la lucha de los románticos y liberales, de personas tales como González Prada, Martínez Estrada, José Revueltas, José Carlos Mariátegui, Juan Rulfo, Clorinda Matto de Turner, José María Arguedas y Julio Cortázar, para nombrar sólo los puntos de un derrotero de lecturas— veríamos que la recuperación de nuestros contenidos históricos se da desde la marginalidad y siempre a contrapelo, marcada *de* y enmarcada *en* la aspereza a que se refiere Foucault. Estos actos de escritura han constituído una tradición de desescritura, de desmantelamiento de agrupaciones semánticas, las que posicionadas en otro lugar del "contrato simbólico" acusaban una quiebra de lo establecido por el discurso dominante para originar el lugar de una nueva palabra.

Esta trayectoria histórica de rechazo, desmantelamiento y

nuevo origen es desconocida por las autoras de *The Mad Woman in the Attic,* las que caracterizan ciertos rasgos de la escritura de las mujeres inglesas y norteamericanas en relación al sistema literario masculino, como rasgos específicos y exclusivos a la escritura femenina. Gilbert y Gubar trazan un esbozo doloroso de la dialéctica de proyección, internalización y rechazo que caracteriza el intento de las escritoras que ellas estudian por encontrar un lugar desde el cual escribir como mujeres. Las dos críticas definen el lugar de la escritura en términos de un espacio dominado por el padre creador, es decir, el poseedor del falo capaz de *engendrar* y *crear* un texto *penetrador* de la naturaleza y por lo tanto *generador* de la civilización. En este espacio no hay lugar, no hay *situs* para la mujer, ya que ella es por definición sexual ausencia o carencia. La mujer no tiene órgano que le permita, engendrar, penetrar o crear, por lo tanto, no puede localizar su deseo en lugar alguno del espacio literario masculino. Hasta aquí estoy de acuerdo con Gilbert y Gubar. Difiero de ellas en cuanto me parece que esta negación de la mujer por el sistema dominante no es única en la historia, sino que tiene patrones análogos en la historia de las sociedades coloniales. La retórica de la opresión sexual tiene su paralelo en la retórica de la opresión racial o mejor dicho La Retórica de la Opresión que se ha practicado a través de la historia contra muchos y varios grupos. Si la ideología patrista se funda en la presencia/ausencia del sexo para negarle a la mujer un lugar en el círculo del poder, esa misma ideología, desplazando la mirada de la zona genital a la jaula de los sentidos, es capaz de encontrar rasgos faciales y mejor aún la ausencia/presencia de la razón como índice de la inclusión o exclusión del poder. Fue la capacidad de ser "racional", es decir de articular en más de un nivel el lenguaje del grupo dominante, lo que se puso en juego casi inmediatamente después de la llegada de los europeos al Nuevo Mundo. A pesar de los debates de las Casas con Sepúlveda, se continuó diciendo, creyendo y legislando sobre la base de que los indios no podían llegar a ser "gente de razón". Entonces ¿para qué darles la palabra escrita, el sitio de la razón? Se sospechaba que los mestizos sí podían (qué más prueba que el Inca), pero también se sospechaba que usarían "la razón" para fines poco "razonables" tales como intentar subordinar el poder, entonces era menester prohibirles el uso de la razón demostrando primero que no la tenían muy bien desarrollada.

En ambos casos siempre se entendió con claridad que el negarles acceso y uso de la palabra escrita era negarles la historia, el conocimiento y como corolario, el poder. No es pues verdad, como indican Gilbert y Gubar, que Occidente se equivoque en confundir la autoría literaria con la autoridad patriarcal; por el contrario, Occidente reconoce sin ambigüedad alguna la coincidencia entre escritura, conocimiento y poder. Es por eso que todo escritor marginal, digamos el Inca, Sor Juana, Virginia Woolf, e incluso los escritores de la crisis actual de Occidente, se plantean sin excepción y con rigor desesperado los problemas de autor, autoría y autoridad. Tal vez el ejemplo más álgido se dé en una obra subversiva y marginal por excelencia: *El primer nueva crónica y buen gobierno* de Guamán Poma. Consciente de su carencia total de autoridad como indio vencido escribiendo al Rey a fines del siglo XVI, el halcón-tígre enviste a su persona autorial de todo tipo de emblemas históricos y retóricos, hasta que logra convertirse dentro y para los fines de su escritura en príncipe ejemplar. Sólo así puede emprender la escritura, es decir, sólo así designado por el poder puede dirigirse —autorizadamente— al Rey.

Si la burguesía europea se ve obligada, en su temor por y de la mujer, a convertirla en monstruo de pudrición y error (Gilbert y Gubar, 1979, pp. 30-31), en monstruo que cae fuera de la cultura y se co-rompe en y con la naturaleza, ese mismo grupo dominante practica similar operación con indios, mestizos y mulatos. La retórica, íconos y racionalizaciones del racismo son bien conocidas, así que no la voy a repetir aquí. Lo que sí es de notar es que aún en los casos de defensa y benevolencia hacia los esclavizados no deja de operar una cierta negación. Mientras las Casas desesperado lucha y escribe a favor de la humanidad del indio, queda siempre atrapado en los límites de la retórica de Occidente. Los pinta tan buenos, tan *inofensivos*, que los deja neutralizados en una generosidad que por ilimitada es casi inhumana. De aquí se hace inescapable ver la similaridad entre el eterno buen salvaje (colaborador) y el eterno femenino marcado por la renunciación al ser (Goethe). Si como Gilbert y Gubar constatan, la misoginia patrista hace de "las mujeres monstruos sin habla, rellenos de un conocimiento indigesto", ¿no es ésta la misma imagen que Fernández Retamar reclama para América Latina en su rebelde Calibán? Calibán, el bruto balbuciente que *trabaja* para Próspero, el padre civilizador, viene a ser la contrafigura de las mujeres bestializadas que espantan a los lectores de Milton y Swift. Ambas bestias de producción y re-producción roban, no el fuego, sino la palabra. Trasgresión de la ley del padre que les obliga a hacer uso rudimentario, ilegítimo y subversivo de la palabra. No alaban al Dios creador de la divina palabra, de las tablas de la ley. Su palabra por el contrario maldice. El Calibán de Shakespeare habla con el poder rudo de su nueva herramienta, tal como Guamán Poma tuerce y retuerce la retórica de los sermones con el lenguaje grosero de los soldados para enfrentar al poder con la realidad del desposeído.

Calibán:

> "You taught me and my profit on't
> I know how to curse
> The red plague rid you
> For learning me your language."

Guamán Poma:

> "Y es bueno [escribir] para saber otras cosas y para enmendar sus ánimas y consencias los dicho cristianos... y muchas veces dudé... aceptar esta dicha empresa [escribir] juzgando por temeraria mi intención... y se despueblan las indias y no hay quién le ponga remedio... [a] este mundo al revés."

Aprender la lengua del otro "me despoja y desposiona de la mía", de cualquier otro lugar en el contrato simbólico que yo hubiera encontrado o elegido. Lo dice el Inca, porque las historias hasta entonces escritas son incompletas, porque no saben la lengua del lugar, lo dice Sor Juana porque no quiere como lo manda Sor Filotea (el obispo) escribir de teología, porque "no sabe" de eso, porque su saber es *otro,* lo dice Arguedas que "lucha" con el castellano, lo dice Rulfo que dice que escribe en el lenguaje de "la gente de los pueblos", lo dice Cortázar que busca los intersticios de las cosas para allí posicionarse y posesionarse de un lenguaje capaz de decir al mundo.

Es verdad que las escritoras se enfrentan a un sistema literario, a un lenguaje como sistema masculino cerrado. Pero es también verdad que los/las escritores, es decir la escritura desde la Colonia, enfrenta y ha enfrentado problemas de similar configuración en el camino hacia la recuperación de contenidos históricos suprimidos por los sistemas establecidos. A menudo, tal como lo constatamos en los textos del Inca o de Sor Juana, la subversión, la inscripción de lo suprimido, la visión histórica que propone la *otra* visión, la visión negada del ser que como sujeto, organiza la escritura, se manifiesta en estrategias de escondite, disimulos que dan lugar a la producción de palimpsestos. Sabemos en algunos casos por qué los textos "románticos" no son románticos sino "bárbaros" (vistos desde el centro), por qué nuestro realismo no se conforma al realismo europeo, por qué nuestros textos se han hecho "universales" (Machado de Assis, García Márquez, Borges) sólo dentro de las propias resquebrajaduras del otrora unitario conocimiento de Occidente.

Si la búsqueda de la autenticidad femenina, la búsqueda de un lugar desde el cual se pueda articular la palabra, se ha de llevar a cabo en la recuperación y la re-inscripción de la experiencia de la mujer como sujeto a contrapelo en y del orden patrista, entonces la lucha de la mujer latinoamericana sigue cifrada en una doble negatividad: porque es mujer y porque es mestiza. Sin embargo, yo creo que su condición de latinoamericana (dependiente o/y suprimida) le ofrece posibilidades inusitadas.*

Existe ahora un buen número de textos escritos por mujeres latinoamericanas, pero todavía no hemos elaborado posiciones teóricas derivadas de la lectura de *esos* textos. Ya es tarde para prestarse a ciegas. La crítica de cualquier texto, sea el "autor" macho o hembra, no puede hoy abordarse con sólo los basamentos ingenuamente representacionales que gobiernan los bien publicitados títulos de la crítica feminista norteamericana. A fines de nuestro siglo, la crítica literaria nutrida del neomarxismo y del estructuralismo continental no puede dejar de lado la crisis del humanismo y su dialéctica. Toda nueva crítica tendrá que enfrentar, no doblegarse o seguir, pero sí reflexionar y hacer mella con el pensamiento francés, aunque ese pensamiento (Foucault, Kristeva, Kofman), desde un punto de vista liberal, no se ocupe en sí de la mujer, sino más bien de la

* Tal vez se podría evitar el repetir formulaciones y experiencias de la metrópolis (Londres, París, Nueva York) que hoy es posible ver claramente como errores históricos de clases medias aisladas en formulaciones tales como estética feminista.

problemática de la escritura (es decir, el conocimiento) y el poder.

Para terminar quiero cerrar el circuito con una cita de Rosario Castellanos, la niña que se vio inicialmente rechazada por sus padres porque había nacido hembra, para sólo verse más tarde revalorada porque era más blanca que su hermano; porque su obra representa la experiencia de buscarse como sujeto dentro de una historia nacional y continental en que todo parecía estar organizado para negarla:

> "No, no es la solución
> tirarse bajo un tren como la Ana de Tolstoy
> ni apurar el arsénico de Madame Bovary
> ni aguardar en los páramos de Avila la visita
> del ángel con el venablo
> antes de liarse el manto a la cabeza
> y comenzar a actuar.
>
> Ni concluir las leyes geométricas, contando
> las vigas de la celda de castigo
> como lo hizo Sor Juana. No es la solución
> escribir, mientras llegan las visitas,
> en la sala de estar de la familia Austen
> ni encerrarse en el ático
> de alguna residencia de la Nueva Inglaterra
> y soñar, con la Biblia de los Dickinson,
> debajo de una almohada de soltera.
>
> Debe haber otro modo que no se llame Safo
> ni Mesalina ni María Egipciaca
> ni Magdalena ni Clemencia Isaura
>
> Otro modo de ser humano y libre.
>
> Otro modo de ser."
>
> ("Meditación en el umbral", en *Poesía no eres tú,* 1972, p. 326).

Bibliografía Selecta

Beauvoir, Simone de. *The Second Sex,* Knopf, New York, 1953.

Burke, Carolyn. "Irigaray Through the Looking Glass," *Feminist Issues,* Vol. 7, No. 2, Summer 1981, pp. 288-306.

Castellanos, Rosario. *Poesía no eres tú,* Fondo de Cultura, México, 1972.

Cixous, Hélène. "La jeune née: an excerpt," in *Diacritics,* June 1977, pp. 64-69.

Funlenwider, Claire K. *Feminism in American Politics,* Praeger, Rutgers University, New York, 1980.

Furman, Nelly. "Textual Feminism" in *Women and Language in Literature and Society,* Ed. by Sally McConnell-Ginet, Ruth Broker and Nelly Furman, Praeger, New York, 1980, pp. 45-54.

Foucault, Michel. *Power/Knowledge, Selected Interviews and Other Writings, 1972-1977,* (Edited by Colin Gordon), translated by Colin Gordon, Leo Marshall, John Mepham, Kate Sofer, Pantheon Books, New York, 1980.

Gilbert, Susan M. and Gubar, Susan. *The Mad Woman in the Attic, The Woman Writer and the Nineteenth Century Literary Imagination,* Yale University Press, New Haven, 1979.

Irigaray, Luce. *Ce sexe qui n'est pas un,* Paris, Editions de Minuit, 1977 y *Speculum de l'autre femme,* Paris, Editions de Minuit, 1974.

Jardine, Alice. "Introduction to Julia Kristeva's 'Women's Time'," in *Signs,* Autumn 1981, pp. 5-12.

Kamuf, Peggy. "Writing Like a Woman" in *Women and Language in Literature and Society,* Ed. by Sally McConnell et al, Praeger, New York, 1980, pp. 284-298.

Kolodny, Annette. "Some Notes on Defining a Feminist Literary Criticism" in *Feminist Criticism,* ed. by Cheryl Brown and Karen Olsen, 1975.

Kristeva, Julia. "Woman's Time," in *Signs,* Autumn 1981, translated by Alice Jardine and Harry Blake, pp. 13-85.

Marks, Elaine, Ed.; Isabelle de Coutivron. *New French Feminism: an Anthology*, Schoken Books, New York, 1981.

Showalters, Elaine. *A Literature of their Own, British Women Novelists from Brontë to Lessing,* Princeton University Press, Princeton, 1977.

Spacks, Patricia Meyer. *The Female Imagination,* New York, 1975.

Van Herik, Judith. *Freud on Feminity and Faith,* University of California Press, Berkeley, 1982.

Woolf, Virginia. *A Room of One's Own,* Harcourt Brace Jovanovich, New York, 1957.

TRETAS DEL DEBIL

Josefina Ludmer

No hablaremos de la escritura femenina con rótulos ni generalizaciones universalizantes. Con esto queremos decir que rechazamos lecturas tautológicas: se sabe que en la distribución histórica de afectos, funciones y facultades (transformada en mitología, fijada en la lengua) tocó a la mujer dolor y pasión contra razón, concreto contra abstracto, adentro contra mundo, reproducción contra producción; leer estos atributos en el lenguaje y la literatura de mujeres es meramente leer lo que primero fue y sigue siendo inscripto en su espacio social. Una posibilidad de romper el círculo que confirma la diferencia en lo socialmente diferenciado es postular una inversión: leer en el discurso femenino el pensamiento abstracto, la ciencia y la política, tal como se filtran en los resquicios de lo conocido.

Hablaremos de lugares. Por un lado, un lugar común de la crítica: la *Respuesta* de Sor Juana Inés de la Cruz a Sor Filotea; por otro un lugar específico: el que ocupa una mujer en el campo del saber, en una situación histórica y discursiva precisa. Respecto de los lugares comunes (los textos clásicos, que parecen decir siempre lo que se quiere leer: textos dóciles a las mutaciones), interesan porque constituyen campos de lucha donde se debaten sistemas e interpretaciones enemigas; su revisión periódica es una de las maneras de medir la transformación histórica de los modos de lectura (objetivo fundamental de la teoría crítica). Respecto del lugar específico, se trata de otro tipo de discordancia: la relación entre el espacio que esta mujer se da y ocupa, frente al que le otorga la institución y la palabra del otro: nos movemos, también, en el campo de las relaciones sociales y la producción de ideas y textos. Leemos en esta carta ciertas tretas del débil en una posición de subordinación y marginalidad.

Como se sabe, ésta es la respuesta a la carta que le envió el Obispo de Puebla (con la firma de Sor Filotea de la Cruz), quien había publicado por su cuenta un escrito polémico de Juana (contra el Sermón de Antonio de Vieyra sobre las finezas de Cristo, un escrito teológico y polémico) con el título de *Carta Atenagórica*. Juana responde y agradece esa publicación. Narra algunos episodios de su vida ligados con su pasión por el saber, y finalmente polemiza sobre la interpretación de una sentencia de San Pablo que dice: callen las mujeres en las iglesias, pues no les es permitido hablar.

La escritura de Sor Juana es una vasta máquina transformadora que trabaja con pocos elementos; en esta carta la matriz tiene sólo tres, dos verbos y la negación: *saber, decir, no*. Modulando y cambiando de lugar cada uno de ellos en un arte de la variación permanente, conjugando los verbos y transfiriendo la negación, Juana escribe un texto que elabora las relaciones, postuladas como contradictorias, entre dos espacios (lugares) y acciones (prácticas): una de las dos debe estar afectada por la negación si se encuentra presente la otra. Saber y decir, demuestra Juana, constituyen campos enfrentados para una mujer; toda simultaneidad de esas dos acciones acarrea resistencia y castigo. Decir que no se sabe, no saber decir, no decir que se sabe, saber sobre el no decir: esta serie liga los sectores aparentemente diversos del texto (autobiografía, polémica, citas) y sirve de base a dos movimientos fundamentales que sostienen las tretas que examinaremos: en primer lugar, separación del campo del saber del campo del decir; en segundo lugar, reorganización del campo del saber en función del no decir (callar).

Primero: separación de saber y decir. Juana escribe al Obispo que lo que le demoró la respuesta era no saber responder "algo digno de vos" y "no saber agradeceros" la publicación de su propio texto. Juana dice de entrada que *no sabe decir*. El no saber conduce al silencio y se liga con él; pero aquí se trata de un no saber decir relativo y posicional: no se sabe decir frente al que está arriba, y ese no saber implica precisamente el reconocimiento de la superioridad del otro. La ignorancia es, pues, una relación social determinada transferida al discurso: Juana no sabe decir en posición de subalternidad. Las voces de las autoridades supremas lo confirman: Santo Tomás "callaba porque nada sabía decir digno de Alberto"; a la "madre del Bautista se le suspendió el discurso" cuando la visitó "la Madre del Verbo", y Juana añade: "Sólo responderé que no sé qué responder; sólo agradeceré diciendo que no soy capaz de agradeceros". Este es también un lugar, un *locus* retórico denominado "modestia afectada"; no nos interesa como tal sino en la medida en que magnifica al otro y lo marca con un exceso que produce no saber decir.

La carta de Juana contiene, por lo menos, tres textos: 1) lo que escribe directamente al Obispo; 2) lo que se ha leído como su autobiografía intelectual, y 3) la polémica sobre la sentencia de Pablo: callen las mujeres en la iglesia. Tres zonas en constante relación de contradicción, tres registros significantes que transforman el sentido de los enunciados. Todo lo dirigido al Obispo implica la aceptación plena del lugar subalterno asignado socialmente y el intento de callar, no decir, no saber (dice, por ejemplo, en la confesión que dirige al Obispo, que entró en religión para "sepultar con mi nombre mi entendimiento y sacrificárselo sólo a quien me lo dio", pues había pedido a Dios que le quite la inteligencia, "dejando sólo lo que basta para guardar su Ley, pues lo demás sobra, según algunos, en una mujer; y aun hay quien diga que daña". Pero en el interior del texto autobiográfico afirma casi inmediatamente que entró en religión por la "total negación que tenía al matrimonio"). Aquí, en la biografía, escribe que calla, estudia y sabe. Nos interesa ésta en la medida en que dibuja otro espacio del texto, el propio, despojado de retórica, y donde escribe lo que no dice en las otras zonas. Su historia, que ella narra como historia de su pasión de conocimiento, aparece para nosotros como una típica autobiografía popular o de marginales: un relato de las prácticas de resistencia frente al poder. (Observemos además: un género menor, la autobiografía, en el interior de otro, la carta.) Nos interesa la primera escena, que emerge como el punto de partida de su epistemofilia: cuenta que engañó a la maestra ("le dije que mi madre ordenaba me diese lección") y que guardó silencio ante la madre: "y supe leer en tan breve tiempo, que ya sabía cuando lo supo mi madre..." "y yo lo callé". Su primer encuentro con lo escrito se condensa, en la biografía, en *no decir que sabe.*

La autoridad materna y el superior se ligan así estrechamente: son esos a quienes no se dice, al Obispo por no saber decir, y a la madre "y yo lo callé, creyendo que me azotarían por haberlo hecho sin orden". El silencio constituye su espacio de resistencia ante el poder de los otros. Lo mismo ocurre con las escrituras sagradas que Sor Filotea le aconseja estudiar: Juana reitera el no decir por no saber y ahora, otra vez, por miedo al castigo; hablar de asuntos sagrados se le hace imposible "por temor y reverencia", por peligro de herejía: "Dejen eso para quien lo entienda, que yo no quiero ruido con el Santo Oficio, que soy ignorante y tiemblo de decir alguna proposición malsonante o torcer la genuina inteligencia de algún lugar". (Una digresión: aquí surge la relación de la *Respuesta* con el único texto que, según escribe Juana allí mismo, escribió por gusto: *El Sueño o Primero Sueño*. La *Respuesta* puede leerse en uno de sus cortes como un comentario al poema en la medida en que éste desarrolla una teoría del conocimiento y del impulso epistemológico, y a la vez postula la imposibilidad de captar lo Absoluto. Tanto la *Respuesta* como el *Primero Sueño* se abren con el tema del mutismo y el silencio; en el poema el silencio se constituye, además, en punto final: en la cumbre el entendimiento, perplejo, calla.)

Hay así tres instancias superiores: la madre, el Obispo y el Santo Oficio, que imponen temor y generan no decir: no decir que se sabe (a la madre), decir que no se sabe decir (al Obispo), y no decir por no saber (el campo de la teología). En el primer caso ella estaba en proceso de saber, en el segundo escribe la *Respuesta* y exhibe en citas su saber, y en el tercero se mueve precisamente la *Carta Atenagórica*, a propósito de cuya publicación escribe ésta. El movimiento consiste en despojarse de la palabra pública: esa zona se funde con el aparato disciplinario, y su no decir surge como disfraz de una práctica que aparece como prohibida. Juana decide entonces que el *publicar*, punto más alto del decir, no le interesa. Lo que una cultura postula como su zona valorada y dominante, allí es donde Juana dice "no sé", no digo, me abstengo, y marca otra vez que decir, escribir, publicar (que ahora constituyen una serie) es una exigencia que proviene de los otros y se liga con la violencia: "Y, a la verdad, yo nunca he escrito, sino violentada y forzada y sólo por dar gusto a otros; no sólo sin complacencia, sino con positiva repugnancia".

El decir público está ocupado por la autoridad y la violencia: otro es el que da y quita la palabra. El Obispo publica (y ella a la vez que agradece protesta: no quiero publicar, me fuerzan); el Obispo escribe (y ella: no sé responderos); el Obispo ordena estudiar lo sagrado (y ella: no sé, tengo miedo). Juana, en tanto mujer, dice que es aquella a quien se otorga y se quita y se exige la palabra (pensemos en la confesión), no quien la toma como su dueña. Nos interesa especialmente el gesto del superior que consiste en dar la palabra al subalterno; hay en Latinoamérica una literatura propia, fundada en ese gesto. Desde la literatura gauchesca en adelante, pasando por el indigenismo y los diversos avatares del regionalismo, se trata del gesto ficticio de dar la palabra al definido por alguna carencia (sin tierra, sin escritura), de sacar a luz su lenguaje particular. Ese gesto proviene de la cultura superior y está a cargo del letrado, que disfraza y muda su voz en la ficción de la transcripción, para proponer al débil y subalterno una alianza contra el enemigo común. Es muy posible que la publicaión de la carta respondiera precisamente a la necesidad del Obispo de enfrentar a otros. El gesto del Obispo, que se disfraza de Sor Filotea de la Cruz para escribir a Juana, es la transferencia a la carta del gesto de la publicación de la palabra del débil: él tapa su nombre-sexo para abrir la palabra de la mujer y publica, dándole nombre, el escrito de Juana (ella, a su vez, dio la palabra a los indios en sus poemas). Pero el dar la palabra y el identificarse con el otro para constituir una alianza implican una exigencia simultánea: el débil debe aceptar el proyecto del superior. El Obispo, que horizontaliza las relaciones con Juana al tomar nombre femenino, quiere recuperarla para el campo sagrado y que abandone lo que no cuadra a la religión. Si se llama Filotea (amante de Dios) es porque desde ese lugar es posible escribir a Sor Filosofía (amante del saber, autora de la Carta digna del saber ateniense). El seudónimo del Obispo y la publicación del texto-polémica constituyen la definición misma del proyecto que tiene para Sor Juana. Y allí es donde ella erige su cadena de negaciones: no decir, decir que no sabe, no publicar, no dedicarse a lo sagrado. En este doble gesto se combinan la aceptación de su lugar subalterno (cerrar el pico las mujeres), y su treta: no decir pero saber, o decir que no sabe y saber, o decir lo contrario de lo que sabe. Esta treta del débil, que aquí separa el campo del decir (la ley del otro) del campo del saber (mi ley) combina, como todas las tácticas de resistencia, sumisión y aceptación del lugar asignado por el otro, con antagonismo y enfrentamiento, retiro de colaboración.

Juana hace entrar en contradicción saber y decir; ese es el punto de partida de la cadena de contradicciones que proliferan en el texto. Su lugar propio es el del estudio y el saber; si escribir es "fuerza ajena", "lo mío es la inclinación a las letras"; no estudio para decir, enseñar ni escribir, sino "para ignorar menos". Y cubre de silencio el espacio del saber: los libros son mudos ("sosegado silencio de mis libros", "teniendo sólo por maestro un libro mudo" dice en tono de queja); la lectura se desarrolla desde San Ambrosio, maestro de San Agustín, sin habla. Desde esa otra red, donde se juega ya no su decir sino su verdadera práctica, Juana escribe sobre el silencio femenino.

Segundo movimiento: saber sobre el no decir. Este movimiento implica una reorganización del campo del saber. Para discutir la sentencia de Pablo sobre el silencio de las mujeres en la iglesia, erige una doctrina de la lectura (no propia, no revulsiva sino estrictamente escolástica) que niega la división entre saber profano y saber sobre el más allá, en un árbol de las ciencias (a la manera del de Raimundo Lulio) en cuya cúspide se encuentran los textos sagrados. Para llegar a ellos y a la teología, como le aconseja el Obispo, dice que "hay que subir por los escalones de las ciencias y las artes humanas; porque ¿cómo entenderá el estilo de la Reina de las Ciencias quien aun no sabe el de las ancillas?" Y enumera: lógica, retórica, física, aritmética, geometría, arquitectura, historia, derecho, música, astrología. Estas ciencias están encadenadas unas con otras. En el registro de su biografía cuenta las dificultades que tuvo para estudiar estas ciencias (esclavas, puesto que sin ellas no hay altura); le prohibieron durante tres meses el estudio, pero (el gesto de la resistencia) "aunque no estudiaba en libros, estudiaba en todas las cosas que Dios crió, sirviéndome ellas de letras, y de libro toda esta máquina universal". Siempre es posible, entonces, anexar otro espacio para el saber. No sólo no hay división entre saber sagrado y profano, sino que no hay división entre estudiar en libros y en la realidad. Ha descubierto "secretos naturales" mientras guisaba: "Veo que un huevo se une y fríe en la manteca o aceite y, por el contrario, se despedaza en el almíbar". Y finalmente, en la medida en que no hay división ninguna en su campo, no es posible escindir mujeres y hombres para el saber, que sólo admite la diferencia entre necios, ignorantes, soberbios por un lado, y sabios y doctos por el otro. Juana encontró un espacio pues situado más allá de la diferencia de los sexos. Y el conocimiento, adquirido en silencio, le permite leer de otro modo la sentencia de Pablo sobre el silencio que deben guardar las mujeres: en la iglesia primitiva, dice, ellas se enseñaban doctrina unas a otras en los templos, y el rumor de conocimiento confundía a los apóstoles cuando predicaban. Por eso Pablo les mandó callar. "No hay duda que para la inteligencia de muchos lugares es menester mucha historia, costumbres, ceremonias, proverbios y aun maneras de hablar de aquellos tiempos en que se escribieron, para saber sobre qué caen y a qué aluden algunas locuciones de las divinas letras". Juana nos da aquí una lección de crítica literaria e ideológica; la verdad dogmática y el régimen jerárquico, nos dice, borran de lo escrito la huella de la historia: a partir de una circunstancia concreta y dada, se erigió un dogma autoritario y eterno, una ley trascendente sobre la diferencia de los sexos. Este es su saber y decir sobre el silencio femenino.

Finalmente, acepta que las mujeres no hablen en los púlpitos y en lecturas públicas, pero defiende la enseñanza y el estudio privado (defiende su escritura en verso y la polémica con Vieyra). Aceptar, pues, la esfera privada como campo "propio" de la palabra de la mujer, acatar la división dominante pero a la vez, al constituir esa esfera en zona de la ciencia y la literatura, negar desde allí la división sexual. La treta (otra típica táctica del débil) consiste en que, desde el lugar asignado y aceptado, se cambia no sólo el sentido de ese lugar sino el sentido mismo de lo que se instaura en él. Como si una madre o ama de casa dijera: acepto mi lugar pero hago política o ciencia en tanto madre o ama de casa. Siempre es posible tomar un espacio desde donde se puede practicar lo vedado en otros; siempre es posible anexar otros campos e instaurar otras territorialidades. Y esa práctica de traslado y transformación reorganiza la estructura dada, social y cultural: la combinación de acatamiento y enfrentamiento podían establecer otra razón, otra cientificidad y otro sujeto del saber. Ante la pregunta de por qué no ha habido mujeres filósofas puede responderse entonces que no han hecho filosofía desde el espacio delimitado por la filosofía clásica sino desde otras zonas, y si se lee o escucha su discurso como discurso filosófico, puede operarse una transformación de la reflexión. Lo mismo ocurre con la práctica científica y política.

Desde la carta y la autobiografía, Juana erige una polémica

erudita. Ahora se entiende que estos géneros menores (cartas, autobiografías, diarios), escrituras límites entre lo literario y lo no literario, llamados también géneros de la realidad, sean un campo preferido de la literatura femenina. Allí se exhibe un dato fundamental: que los espacios regionales que la cultura dominante ha extraído de lo cotidiano y personal y ha constituido como reinos separados (política, ciencia, filosofía) se constituyen en la mujer a partir precisamente de lo considerado personal y son indisociables de él. Y si lo personal, privado y cotidiano se incluyen como punto de partida y perspectiva de los otros discursos y prácticas, desaparecen como personal, privado y cotidiano: ése es uno de los resultados posibles de las tretas del débil.

PERSPECTIVAS

DOS LECTURAS DEL CISNE: RUBEN DARIO Y DELMIRA AGUSTINI

Sylvia Molloy

La lectura de Delmira Agustini lleva a la confirmación, siempre renovada, de su fundamental exceso, de su fundamental rareza. Aquí abro un paréntesis: ¿se habrá pensado suficientemente en el Uruguay como tierra privilegiada de raros y precursores de veras originales? Piénsese, más allá de Lautréamont cuya nacionalidad puede discutirse, en Herrera y Reissig, en Felisberto Hernández, en Onetti, nombres a los que debe añadirse, por la ruptura que marca, el de Delmira Agustini.

Para señalar la condición de *misfit* de Delmira Agustini recuerdo primero brevemente cómo se ubica en su época. Nacida en 1886, a los dieciséis años comienza a publicar poesía en pequeñas revistas y también crónicas bajo el seudónimo espléndidamente cursi de Joujou. En 1907 publica su primer volumen de poemas, *El libro blanco,* subtitulado "Frágil". En 1910, se publica su segundo libro, *Cantos de la mañana,* y por fin en 1913 su tercer y último libro publicado en vida, *Los cálices vacíos,* con un pórtico de Rubén Darío. En él se anuncia un próximo volumen, *Los astros del abismo,* que se publicará póstumamente, en 1924, con el título de *El rosario de Eros.* Muere en 1914 a los veintiocho años.

Emir Rodríguez Monegal ha estudiado acertadamente el sistemático *aniñamiento* al que fue sometida Agustini desde sus primeras publicaciones.[1] En 1902, cuando le publica su primer poema, Samuel Blixen habla de ella como "niña de doce años"

[1] Emir Rodríguez Monegal, *Sexo y poesía en el 900 uruguayo* (Montevideo: Alfa, 1969), pp. 35-43. Abreviaré: *RM.*

cuando en realidad tiene dieciséis. Al año siguiente, en la revista *La alborada,* se la describe así:

> [...] una buena mañana llegó a nuestra redacción a traernos un trabajo que depositó con sus manecitas de muñeca en nuestra mesa revuelta, y que nos leyó después con una entonación delicada, suave, de cristal, como si temiera romper la madeja fina de su canto, desenvuelta en la rueca de un papel delicado y quebradizo como su cuerpecito rosado, como el encaje de sus versos (*RM,* 35).

De la misma época es este otro recuerdo de Raúl Montero Bustamante:

> [...] sonreía tímidamente en silencio, mientras su padre exponía el caso de la niña prodigio que comenzaba a interesar a los hombres de letras de la época. Nada agregó ella y luego de dejar la colección sobre la mesa se fue en silencio [...] (*RM,* 37).

Por fin Darío, en su Pórtico a *Los cálices vacíos,* ejemplar invitación al *misreading,* la saluda como "esta niña bella" cuando Agustini cuenta veintisiete años. Lo notable de esta infantilización, que retoma una vez más el *cliché* de la mujer-niña,[2] es que se observa tanto en el afuera —por parte de esos "hombres de letras de la época" que señala Montero Bustamante, es decir el *establishment* paternalista del modernismo— como en el adentro, en la imagen que de sí se forja la propia Agustini.

Algún día habría que analizar con detenimiento el cuidado, la energía que dedican ciertos escritores a construir su imagen, a fabricar —a aderezar— su *persona.* El problema es interesante, no sólo por lo que revela del escritor o de la escritora —eterno Narciso entregado a su proyección— sino por lo que revela del público a quien va dirigida esa imagen y de las relaciones de mercado entre escritor y lector. La imagen proyectada es el

[2] Es, en Hispanoamérica, "la niña mística" de Martí, la "dulce niña pálida" de Silva, la Stella de Darío, la "muchachita mía" y la "niña triste" de Nervo. El *cliché* de la mujer-niña se completa con el de la mujer frágil. Ver en Hans Hinterhauser, *Fin de siglo. Figuras y mitos* (Madrid: Taurus, 1980), el capítulo 4, "Mujeres prerrafaelitas" (pp. 91-121).

escritor y también es su máscara: hecha de lo que se es, lo que se busca ser, lo que queda bien que se sea y lo que se sacrifica para ser. Es espejo revelador pero también puede ser escudo opaco, defensa. Estas consideraciones, válidas para todo escritor, merecen especial atención, creo, en el caso de las mujeres, cuya imagen profesional —me refiero a la producción literaria— es de por sí más fluctuante, menos estereotipada, que la de los hombres. (Al no saber con exactitud qué lugar ocupan, o creen ocupar, en el mundo, menos sabrán qué lugar ocupan en la literatura.) Pienso en otras constructoras de imágenes cuya labor sería útil indagar, una Gabriela Mistral, por ejemplo, estucando una sexualidad poco convencional con la figura pública de la maestra y madre adoptiva, o una Victoria Ocampo, escudando sus inseguridades en su papel de difusora de lo ya canonizado.

En el caso de Delmira Agustini, el deliberado aniñamiento —*anenamiento,* habría que decir, puesto que le decían (y se firmaba) La Nena— es posible de interpretaciones diversas en las que la conjetura tiene su buena parte. Es un hecho que fue siempre sobreprotegida por los suyos, que pesa sobre ella, ominosamente, la presencia en más de un sentido voluminosa de Mamita. Las fotografías que quedan de su dormitorio, con una muñeca entronizada en su centro, son cifra de esa infantilización voluntariosa que, por lo caricatural, recuerda ciertos relatos de Silvina Ocampo. El mismo aniñamiento se observa en su correspondencia amorosa, en la que se dirige a Enrique Job Reyes (el novio a quien a veces llama *Papito* o *mi viejo*) con la media lengua de La Nena. Esa media lengua arroja ocasionalmente una luz monstruosa sobre el mensaje. Así esta carta:

> Mi vida! yo tiero, yo tiero...yo tiero una cabecita de mi Quique que *caba* men aquí adento.
>
> /figura dibujada de un corazón/
>
> Yo se portó bien mucho; yo le digo mucho "mena noche, mi viejo," yo pensa sempe en Quique y...yo tiero la cabecita de Quique men chiquita. Ponto!
>
> Mena tade, mi viejo.
>
> Tu Nena.[3]

[3] Delmira Agustini, *Correspondencia íntima,* estudio ordenación y pró-

Piénsese esta carta en relación con lo que sorprende y atrae a Unamuno al leer los *Cantos de la mañana:* "esa extraña obsesión que tiene usted de tener entre las manos, unas veces la cabeza muerta del amado, otras la de Dios".[4] Aquí la infantilización, al volver juguete la cabeza del amado, acrecienta la extrañeza de la obsesión.

La figura de la Nena, en su evidente deliberación, es claramente máscara para Agustini. Así lo ve Rodríguez Monegal al observar que "La Nena era la máscara con la que circulaba la pitonisa por el mundo; era la máscara adoptada como solución al conflicto familiar que le imponía sobre todo una madre neurótica, posesiva y dominante" (*RM,* 41). Arturo Sergio Visca, en su prólogo a la correspondencia de Agustini, abunda en el mismo sentido, viendo en el discurso aniñado una escritura en clave que vela, ante los suspicaces ojos maternos, la verdadera naturaleza de la relación entre Delmira Agustini y Enrique Job Reyes (*C,* 6). Pero más allá de estas circunstancias puramente privadas que justifican la máscara de la Nena, creo que Delmira Agustini recurrió al disfraz —a la postura si no de Nena, de mujer frágil e ingenua— también en su representación pública, como protección y solución de comodidad. Me interesa aislar un ejemplo, en sus intercambios con Rubén Darío.

Lectora y admiradora de Darío, Agustini conoce al poeta en 1912, cuando éste viaja por América como director de la revista *Mundial.* A consecuencia de ese encuentro, y durante la permanencia de Darío en el Río de la Plata, se da un breve intercambio epistolar, interesante por lo que revela de la actitud de uno y otro, o más bien de uno *ante* otro. Hay una carta de Agustini a Darío, elocuente en su lucidez, donde se describe a la vez que

logo de Arturo Sergio Visca (Montevideo: Biblioteca Nacional, Publicaciones del Departamento de Investigaciones, 1969), p. 28. Abreviaré: *C.* La fotografía de esta carta que incluye Visca ofrece un detalle curioso: la palabra *tade* parece reescrita, como si a lo escrito primero (acaso *tarde*) se le hubiera sobreimpuesto la ortografía aniñada. Sería necesario ver, desde luego, el original.

En su prólogo, Visca recalca la conveniencia de este aniñamiento simulado: "En cierto modo son cartas escritas en clave. Pero hay más. Porque en los márgenes de muchas tarjetas postales, y con letra tan minúscula y disimulada que es preciso descifrarla con lupa, hay expresiones que revelan claramente la situación real. /.../ Delmira Agustini vive, ante su madre, una situación de enmascaramiento. Se enmascara en ese ser ficticio que es 'La Nena' /.../" (*C,* 6).

[4] Citado en Clara Silva, *Genio y figura de Delmira Agustini* (Buenos Aires: Eudeba, 1968), p. 155. Abreviaré: *S.*

pide consejo. Cito dos fragmentos:

> [...] Yo no sé si usted ha mirado alguna vez la locura cara a cara y ha luchado con ella en la soledad angustiosa de un espíritu hermético. No hay, no puede haber sensación más horrible. Y el ansia, el ansia inmensa de pedir socorro contra todo —contra el mismo Yo, sobre todo— a otro espíritu mártir del mismo martirio.
>
> [...] Y la primera vez que desborda mi locura es ante usted. ¿Por qué? Nadie debió resultar más imponente a mi timidez. ¿Cómo hacerle creer en ella a usted, que sólo conoce la valentía de mi inconsciencia? Tal vez porque le reconocí más esencia divina que a todos los humanos tratados hasta ahora. Y por lo tanto más indulgencia. A veces me reprocho mi osadía; y a veces ¿a qué negarlo?, me reprocho el desastre de mi orgullo. Me parece una bella estatua despedazada a sus pies (*C*, 43).

La carta concluye con un doble anuncio: en octubre "pienso internar mi neurosis en un sanatorio" y en noviembre o diciembre resuelve "arrojarme al abismo medroso del casamiento". Se cierra con un pedido de respuesta, "una sola palabra paternal" (*C*, 43).

Se trata de una carta atormentada, excesiva si se quiere, pero de un adulto que reconoce un espíritu afín y le pide ayuda.[5] La respuesta de Darío es atenta, notablemente despersonalizada, y curiosa en la diferencia que establece entre el genio del hombre y el genio de la mujer. Dice:

> Tranquilidad. Tranquilidad. Recordar el principio de Marco Aurelio: "Ante todo, ninguna perturbación en tí." Creer sobre todo en una cosa: el Destino. La voluntad misma no está sino sujeta al Destino. Vivir, vivir sobre todo, y tener la obligación de la alegría, el gozo bueno. Si el genio es una

[5] Es verdad que en la carta se le pide a Darío "una sola palabra *paternal*" (subrayo). Sin embargo, el reconocimiento de "autoridad" no implica aquí —el tono de la carta lo prueba— aniñamiento alguno. En cuanto a la paternidad o autoridad de otra índole —me refiero a la *anxiety of influence* de la letra misma que ha analizado Harold Bloom—, véase la ambigua posición de Agustini, ante las influencias de padres (Darío, Lugones, Nervo) que le señala la crítica, en *S*, 119-132.

montaña de dolor sobre el hombre, el don genial tiene que ser en la mujer una túnica ardiente.[6]

Concuerdan los críticos —superficiales— de esta correspondencia en señalar que la carta de Darío produjo su efecto en Agustini, quien respondió "en tono más sereno y resignado" (*S*, 15). Añade Clara Silva que la segunda carta de Agustini, "de tono ya más contenido, es también de carácter más literario" (*S*, 42). Acaso resignada, seguramente literaria y sobre todo enmascarada es esa respuesta, donde Delmira Agustini logra lo que en otra ocasión le reprocha Manuel Ugarte: "que la tinta /.../ sirva de antifaz" (*C*, 36). En ella se presenta esencialmente frágil y "femenina", hablando "con el corazón" (*C*, 46), coqueteando con el hombre y con el poeta a quien halaga con su fingida entrega. Ofrezco dos fragmentos que apuntalan notablemente el *cliché;* en el primero nótese de paso con qué tono diferente del de la carta previa habla de su matrimonio:

> [...] como pensaba casarme muy pronto, ya había dicho a mi novio que pensaba sostener correspondencia con usted, el más genial y profundo guía espiritual. Ayer él me preguntó, casualmente, si le había escrito o si tenía noticias suyas. Me turbé tanto, divagué tanto, que llegó a imaginar lo imposible. Hoy me pregunto, ¿por qué? Es que hoy soy otra, *al menos quiero* ser otra. Seré dúctil, pero sea usted suave. Escúlpame sonriendo.

En el segundo fragmento de la misma carta, Agustini halaga al poeta, único en brindarle la "exquisita y suma sensación artística":

> Y usted, maestro, me la da siempre, en cada estrofa, en cada verso, a veces en una palabra. Y tan intensa, tan vertiginosamente, como el día glorioso que, entre una muñeca y un dulce, sollocé leyendo su "Sinfonía en gris" (*C*, 46).

[6] Señalo aquí una divergencia importante entre la transcripción de la carta que hace Visca —"una mímica ardiente" (*C*, 46)— y la que hace Silva —"una túnica ardiente" (*S*, 39). Al no haber podido consultar el original, he elegido la segunda ("túnica"), que encuentro más acorde con Darío. "Mímica" requeriría, desde luego, un comentario extenso.

Nótese bien: *entre una muñeca y un dulce,* es decir asumiendo plenamente (aunque no en media lengua) el *cliché* ibseniano, la *nenidad.* (En carta de Manuel Ugarte a Delmira Agustini se observa el mismo *cliché:* "¿Merezco un bombón, es decir, letra suya?" [*C,* 33]).

Acaso sea exagerado ver esta segunda carta de Agustini exclusivamente como respuesta a la somera e indirecta esquela de Darío que la pone —como a las demás mujeres que escriben— "en su lugar". Pero que hay conciencia en esa carta del papel que se representa, que ambos representan, me parece claro. Basta comparar esta deliberada autodisminución de Agustini, y el concomitante ensalzamiento del Maestro, con la nota lacónica y desprovista de aderezos en que Agustini registró "para la historia" su último encuentro con Darío pronto a zarpar para Europa:

> Hoy domingo 6 de octubre a las 10 y 20 a.m. (hora de la matriz) a bordo del vapor holandés "Zeelandia" atracado a la dársena A, vi al Sr. Rubén Darío. Vestía traje color "piel de pantera," llevaba gorrita a lo maquinista; las manos en la espalda y se chupaba los labios y la lengua, indefinidamente; miró la ciudad unos cuantos minutos y volvió a la cámara. A las 10 y 32 sonó la primera pitada. A las 10 y 36 en la calle Solís, pasado Piedras, encontré al académico Rodó que llevaba dirección al puerto (*C,* 9).

II

Paso ahora a los textos y a otro tipo de encuentro entre Darío y Agustini, en un plano donde los papeles se modifican: donde Agustini, ya no la Nena sino escritora, reacciona de muy otro modo ante su precursor poético. Quiero señalar cómo cada poeta hace de la leyenda de Leda y el cisne, y por extensión del cisne como figura icónica, una lectura peculiar y significativamente distinta de la otra. Más precisamente, quiero mostrar cómo Agustini, al escribir "El cisne" y "Nocturno" (*Los cálices vacíos,* 1913), forzosamente tiene en cuenta —y corrige— el texto precursor de Darío.

La lectura del cisne que propone Agustini es tan sacrílega como el célebre soneto de González Martínez, publicado tres años antes. Acaso aun más subversiva: en el caso de González

Martínez, el texto, claramente didáctico, descarta un ícono para reemplazarlo con otro. El cisne que "no siente/el alma de las cosas ni la voz del paisaje" es sustituido por el buho, intérprete del misterio. En cambio los dos poemas de Agustini no descartan, no reemplazan, sino se empeñan en semantizar el ícono —y aun el encuentro emblemático de Leda y el cisne— de otra manera. Rompen con Darío usando su texto, no desechándolo, vaciando signos para cargarlos según otras pulsiones. No en vano pertenecen estos dos poemas a *Los cálices vacíos,* título que ya anuncia, al recordar los cálices "llenos" de Darío —*Las ánforas de Epicuro,* por ejemplo—, el propósito divergente, inquisidor de los textos que encabeza.

El carácter emblemático del cisne se inscribe tempranamente en Darío, precisamente en "Blasón" de *Prosas profanas.* Imagen heráldica, se erige como símbolo que operará, según el poema, de modo diverso. Así, por dar sólo unos ejemplos, el cisne —y nótese que para Darío, arquetípicamente, es *el* cisne— es cultura ("Blasón"), es la nueva poesía ("El cisne"), es enigma de la creación artística ("Yo persigo una forma..."), es erotismo (los poemas sobre Leda), es hispanismo (el primer poema de la serie *Los cisnes*), es en suma símbolo volante que Darío, con su habitual tendencia a colmar, llena, motiva, con todas las cargas posibles.

El cisne de Agustini, en el poema del mismo nombre, es, notablemente, *un* cisne. Se reduce así el campo simbólico, se desculturaliza el emblema dariano, literalmente se lo *desprestigia.*[7] El procedimiento que sigue el poema es puntualmente inverso al de los textos de Darío. (Tendré en cuenta en este comentario, como pretextos del poema de Agustini, sobre todo tres poemas de Darío: los poemas III y IV de la serie *Los cisnes,* y "Leda", todos de *Cantos de vida y esperanza.*) En Darío, el encuentro entre Leda y el cisne se presenta como espectáculo, escena ritual, con su plena carga sagrada. El poema *da a ver:* tanto hablante como lector están "ante el celeste, supremo acto",[8] como observadores, adoradores, y partícipes vicarios.

[7] Se lo desprestigia buenamente, por así decirlo, sin la animosidad que se ve en el propio Darío —"el cisne entre los charcos" del primer "Nocturno"— ni en Neruda: "un cisne de fieltro" ("Walking Around").

[8] Rubén Darío, *Los cisnes* IV, en *Poesía* (Caracas: Ayacucho, 1977), p. 265. Abreviaré: *P.*

Esta participación, claramente indicada en "Leda" con el voyeurismo de los dos últimos versos —"del fondo verdoso de fronda tupida/chispean turbados los ojos de Pan" (*P*, 277)—, se manifiesta también al final de Cisnes IV, en la melancolía de haber amado de que se duele el hablante, y directamente en Cisnes III, poema en primera persona fundado en la identificación: "Por un momento, oh, Cisne, juntaré mis anhelos/a los de tus dos alas que abrazaron a Leda" (*P*, 264). En otras palabras: en Darío se escoge una escena ya construida, ya enmarcada —distanciada por el mito— para observarla, espiarla, celebrarla, y, eventualmente, reconocerse en ella.

La dinámica del texto de Agustini es muy distinta. No se parte de una escena consabida, no se parte del mito (ni una vez aparece la palabra Leda) sino de una primera persona que activamente fabrica un ámbito personal, un paisaje puramente artificial —proceso frecuente en la poesía modernista— que es fondo metonímico del yo. "*Mi* parque", escribe Agustini; más abajo dirá: "*mi* lago". He aquí la primera estrofa, que se abre con una metáfora de innegables reminiscencias darianas:

> Pupila azul de mi parque
> es el sensitivo espejo
> de un lago claro, muy claro...
> tan claro que a veces creo
> que en su cristalina página
> se imprime mi pensamiento.[9]

En ese campo abierto a lo imaginario, insubstancial y casi inconsistente —es *espejo, claro, cristalino*— comienza a perfilarse *un* cisne. Si bien presenta, tan sólo al principio, características externas del prototípico cisne dariano —*príncipe, lirio, rosa, ave cándida*— ya en la segunda y la tercera estrofas queda claro que la pulsión erótica guía el poema, desviando progresivamente el cisne de su modelo. Así se lo dota, con precisión, de "dos pupilas humanas", de "maléfico encanto", de "pico de fuego" (cuando el cisne de Darío, se recordará, tiene "pico de ámbar, del alba al trasluz" [*P*, 276]) y de un abrazo claramente sexual:

[9] Delmira Agustini, *Poesías completas* (Buenos Aires: Losada, 1971), p. 55. Abreviaré: *PC*.

sus alas blancas me turban
como dos cálidos brazos (*PC*, 56).

Nótese cómo estos versos centran la perspectiva del poema. Aquí la *turbación* del encuentro no está, como en Darío, en el observador externo al espectáculo (los mirones: Pan, el hablante, el lector del texto) sino en el *yo* mismo, autor y a la vez actor de la representación. La mujer ("Leda de fiebre" la llama Monegal) y no el cisne, y no el epiceno lector, dicta la pasión erótica creciente: desea y dice su deseo. Simplificando, podría decirse que el yo dice —y dice con exceso, con esa "femineidad feroz" que le atribuye Alfonsina Storni (*S*, 158)— lo que Darío dejó de lado. Da voz a un erotismo femenino que en Darío se pierde, se desperdicia, por carecer de palabra. Leo en la última estrofa de "Leda":

Suspira la bella desnuda y vencida,
y en tanto que al aire sus quejas se van (*P*, 277).

El erotismo en Agustini necesita decirse, inscribirse, no como queja de vencida que se pierde en el viento sino como triunfante —y temible— placer.

En Agustini el yo erotizado va deseando, por así decirlo, el poema: hay un erotismo de lo móvil, de lo cambiante —de lo desequilibrado, si se quiere— mientras que en Darío hay el erotismo de lo fijo, o más bien de lo que se busca fijar. (Piénsese en la poderosa imagen sexual que cierra serenamente, después del vértigo geográfico, el texto de "Divagación".) Bien observó Alfonsina Storni que tenía Agustini "en grado de exaltación esas cualidades femeninas: la pasión, la imaginación y determinadas sensaciones femeninas, entre ellas *el horror a la inmovilidad*" (subrayado mío) (*S*, 158). En conexión con esta dinámica del deseo que anima al cisne en Agustini como no lo hace en Darío, cabe observar cómo, a partir del abrazo ya citado, se multiplican en el poema las manifestaciones del ardor, cifradas en el fuego y en lo rojo: *ardieron, viborean en sus venas, rubí, fuego, rojo, pico quemante, pico de fuego, asusta de rojo.* Compárese esta fiebre creciente, este enrojecimiento invasor, con el vaciamiento de color que practica Darío en "Leda", como técnica de distanciamiento; el momento de la violación es, precisamente, el menos sanguíneo:

Y luego, en las ondas del lago azulado,
después que la aurora perdió su arrebol,
las alas tendidas y el cuello enarcado,
el cisne es de plata, bañado de sol (*P*, 277).

El erotismo de Agustini es urgente mientras que el de Darío es dilatado. Urgente y temible como lo indica el final del poema:

el cisne asusta de rojo,
y yo de blanca doy miedo! (*PC*, 57).

Por una suerte de vampirismo erótico —ha dicho antes: "Agua le doy en mis manos/y él parece beber fuego"— el yo deseante se ha vaciado de substancia, ha hecho expensa de "todo el vaso de mi cuerpo". La habitual imagen erótica —el verterse masculino en el cuerpo femenino glorificado— que aparece en Darío en conexión con Leda ("tu dulce vientre" [*P*, 265]; "el huevo azul de Leda" [*P*, 213]) y también diseminada en toda su poesía, se subvierte en Agustini: es el yo, la mujer, quien ha llenado al cisne blanco —la traslúcida "flor del aire, flor de agua" del comienzo— dándole substancia (sangre, fuego) y a la vez gastándose. Nótese además que ese traspaso de substancia, indicio de plenitud en Darío —un gasto bueno, por así decirlo—, está signado de manera muy otra en Agustini; el yo se gasta al darse (yo/blanca/exangüe) pero agota también al objeto (deseante) de su deseo:

Hunde el pico en mi regazo
y se queda como muerto... (*PC*, 57).

Esta curiosa colaboración erótica, libremente asumida ("Pero en su carne me habla/y yo en mi carne le entiendo") nos aleja de modo decisivo de Leda y el cisne tales como los ve Darío. Nos deja claramente *del otro lado* de la armonía, del otro lado de la dicha ("Amor será dichoso", *P*, 264), del otro lado de la "celeste melancolía" (*P*, 265), en pleno y terrible exceso donde el placer se confunde con —donde el placer *es*— el dolor. Remito a la lectura de dos poemas del libro póstumo de Agustini, *El rosario de Eros.* Tanto en "Tu amor, esclavo" como en "Boca a boca" reaparece el instrumento del deseo bajo el signo inconfundible de la destrucción plancentera. "Pico de cuervo con olor a rosas" (*PC*, 160), se lee en el primero. Y del segundo cito:

> Pico rojo del buitre del deseo
> que hubiste sangre y alma entre mi boca,
> de tu largo y sonante picoteo
> brotó una llaga como flor de roca (*PC*, 163).

III

Queda un segundo texto de Delmira Agustini que remite al cisne y que puede leerse, creo, como definitiva y secreta despedida. Me refiero al poema titulado, significativamente, "Nocturno":

> Engarzado en la noche el lago de tu alma,
> diríase una tela de cristal y de calma
> tramada por las grandes arañas del desvelo.
>
> Nata de agua lustral en vaso de alabastros;
> espejo de pureza que abrillantas los astros,
> y reflejas la sima de la Vida en un cielo...
>
> Yo soy el cisne errante de los sangrientos rastros,
> voy manchando los lagos y remontando el vuelo (*PC*, 60).

El "reino interior" queda aquí reducido a su mínimo exponente: un lago, un cisne; un tú y un yo. El lago fijo, calmo, con una tranquilidad rara en Agustini, detenido y ritualizado —nótese: *engarzado, cristal, agua lustral, vaso de alabastros, espejo*—, como agrandado por la desvelada visión nocturna. La quietud de ese lago simbólico —"lago de tu alma"— por fin turbada por un yo discordante que *es* el cisne. *El* cisne, y no *un* cisne, es destructor de armonía, violador de pureza, maculador: mancha (borronea, corrige) y escapa. Hay identificación total con el cisne —pero con el cisne cambiado de signo— en Agustini como no la hay en Darío, donde el yo nunca es finalmente su emblema.

Subsiste una pregunta. ¿A quién se dice el texto, quién es el tú invocado? Propongo adosar a este poema el soneto que cierra *Prosas profanas:*

Yo persigo una forma que no encuentra mi estilo,
botón de pensamiento que busca ser la rosa,
se anuncia con un beso que en mis labios se posa
al abrazo imposible de la Venus de Milo.

Adornan verdes palmas el blanco peristilo;
los astros me han predicho la visión de la Diosa;
y en mi alma reposa la luz como reposa
el ave de la luna sobre un lago tranquilo.

Y no hallo sino la palabra que huye,
la iniciación melódica que de la flauta fluye
y la barca del sueño que en el espacio boga;

y bajo la ventana de mi Bella-Durmiente,
el sollozo continuo del chorro de la fuente
y el cuello del gran cisne blanco que me interroga (*P*, 241).

Sugiero que este texto subyace al poema de Delmira Agustini. Sugiero leer el"Nocturno" como respuesta, violenta e iconoclasta, a un maestro de cuya poesía se separaba. Y por fin —para seguir con conjeturas que son el vergonzante placer del crítico— me gustaría ver, en la relación entre los dos poemas, la cifra del verdadero diálogo que hubo entre Agustini y Darío: más allá del intercambio entre el Dómine y la Nena, un diálogo entre textos.

EL BILDUNGSROMAN Y LA EXPERIENCIA LATINOAMERICANA: "LA PAJARA PINTA" DE ALBALUCIA ANGEL*

Gabriela Mora

El bildungsroman ha sido llamado también novela de juventud, de educación, de iniciación y de aprendizaje. Aquí usaremos el primer y último término para referirnos a esta especie literaria cuya definición y radio abarcador ofrece una variada gama de interpretaciones.[1] El formato clásico más común presentaba a un narrador, generalmente en primera persona, que reflexionaba sobre su desarrollo, deteniéndose con especial atención en los años de la niñez y de la adolescencia. La visión retrospectiva reconstruía experiencias a través de una voz madura que los ordenaba de acuerdo a un esquema vital previsto, donde el ser ordenador sabía dónde se dirigía. Por esto, los ejemplos que siguieron tras el *Wilhelm Meisters Lehrjahre* de

* Este ensayo repite algunos párrafos de un trabajo más breve que leí en octubre de 1980 en la reunión del Pacific Coast Council on Latin American Studies, seleccionado para publicarse en el volumen X de los *Proceedings* de esa asociación con el título "Un bildungsroman femenino y la Violencia colombiana: *Estaba la pájara pinta sentada en el verde limón*", por aparecer en 1983.

[1] El término, popular en Alemania, sólo empezó a divulgarse en el resto de Europa en las últimas décadas del siglo 19. La palabra *Bildung* connota entre otras, las nociones de *retrato* y *formación*. Diversas y variadas definiciones coinciden en que los modelos más típicos del género presentan el desarrollo de un héroe, visto por sí mismo, que busca definirse indagando en sus rasgos personales, puestos de relieve en los conflictos con su familia y su medio. Jerome Hamilton Buckley discute definiciones del género y sus semejanzas con la novela autobiográfica en su *Season of Youth: The Bildungsroman from Dickens to Golding* (Harvard University Press, 1974). Futuras referencias serán de esta edición. En nuestro trabajo se citarán algunas de las características más específicas del *Bildungsroman* para hacer notar cuándo la novela de Angel se acerca o se distancia del modelo clásico.

Goethe —considerado iniciador de la forma— terminaba en un final feliz en que el protagonista se reintegraba a su sociedad acatando sus valores, que directa o indirectamente, se habían exaltado en el recuerdo.[2]

Como en el resto de las categorías de la novela, los cambios históricos alteraron el modelo tradicional. Las aventuras del héroe en el mundo fueron eliminándose por un tipo de viaje interior en la búsqueda de un yo cada vez más complejo e inasible.[3] El cambio en los últimos años de este siglo ha sido tan espectacular, que David Miles habla de la existencia hoy de *anti-Bildungsromane,* que son esencialmente parodias del modelo clásico.[4]

A pesar de estos cambios, por lo menos en el nivel de la trama, se han conservado algunos elementos inalterables: la referencia a la infancia y primera educación, el anhelo de ampliar horizontes que se sienten coartados por el medio y la familia, el deseo de autobúsqueda, sobre todo relacionado con la vocación (Buckley 17-18).

Estaba la pájara pinta sentada en el verde limón, de la colombiana Albalucía Angel, es una destacada novela de formación en las letras hispanas, muy parcas en ejemplos de este género.[5] En estas páginas nos proponemos examinar *La pájara pinta,* para mostrar cómo el hecho de salir del medio latinoamericano le imprime rasgos que la alejan del patrón común.

El epígrafe de Dylan Thomas, "The memories of childhood have no order and no end", anuncia la estructura del libro,

[2] Sobre características del género y la obra de Goethe, además del libro de Buckley, puede consultarse el artículo de Francois Jost "La tradition du Bildungsroman" en *Comparative Literature* XXI (Spring 1969), nº 2; 97-115.

[3] David H. Miles estudia estos cambios en "The Pícaro's Journey to the Confessional: The Changing Image of the Hero in the German Bildungsroman," *PMLA,* 89 Nº 5 (October 1974); 980-992.

[4] En Miles, *PMLA* 89 (1974), p. 990, y del mismo autor: "Kafka's Hapless Pilgrims and Grass's Scurrilous Dwarf: Notes of Representative Figures in the Anti-Bildungsroman," *Monatshefte,* 65, Nº 4, 1973.

[5] El título reproduce conocidos versos de una ronda infantil. La novela fue publicada por primera vez por el Instituto Colombiano de Cultura (Bogotá) en 1975. Las citas de nuestro trabajo pertenecen a esta edición. En 1981, apareció una segunda edición publicada por Plaza y Janés de Colombia. En cuanto al *bildungsroman,* no conozco estudios específicos sobre este género en español. *Ifigenia* de Teresa de la Parra y *El Detén* de Claribel Alegría son valiosos ejemplos de esa forma, entre las escritoras.

compuesto por los recuerdos de Ana, joven de 27 ó 28 años, que busca comprender su vida, marcada por la Violencia.[6] Los recuerdos que aparecen, desaparecen, para volver a reaparecer, dan a la fábula y a las secuencias espacio/temporales una desordenada apariencia que, aparte de exigir atenta lectura, constituye una especie de estructura alegórica del caótico período de historia colombiana en que se emmarca.

En oposición al predominio absoluto de un narrador en primera persona del formato general, *La pájara pinta* presenta una especie de *collage* de voces en el que domina la de Ana adulta, en imaginario diálogo con la criada Sabina, pero alternado con otras voces que ocupan a veces muchas páginas. Por ejemplo, las constituídas por las cartas de Lorenzo, amante de Ana, que escribe desde la cárcel (131-138; 235-246), las voces de dos soldados que vigilan una protesta estudiantil (254-255), o los innumerables parlamentos de campesinos, estudiantes, periodistas, vecinos, que narran acontecimientos de los cuales son testigos.[7] Es decir, que a diferencia del formato prototípico que siempre tiene al protagonista como columna vertebral, la autora le dio gran atención a otros personajes, y dedicó mucho espacio para insertar sucesos históricos que afectan a toda la sociedad.

La intromisión de la historia puede verse desde las primeras páginas, ya que el diálogo Ana/Sabina está constantemente interrumpido por citas directas de documentos que relatan el

[6] Ana debió nacer en 1939 ó 1940. La novela nos dice que la niña anda por los cuatro años cuando Valeria tiene siete (14), y ésta última nació en 1937 (310). Más difícil de calcular es la cronología del cierre de la novela, aunque todo hace suponer que ocurre en 1967. En la página 334 se habla de la caída de la dictadura "hace" diez años, lo que históricamente ocurre en 1957. El 1967 correspondiente a un *hoy* lo repite el hermano de Ana al leer la noticia de la muerte de Ché Guevara (en 1967). La muerte del guerrillero argentino provoca la fuga de Lorenzo, que también habría ocurrido en 1967 (336). Si estamos en lo cierto, habría un pequeño descuido anacrónico en la mención en una carta de Lorenzo, desde la cárcel, de haber leído *País portátil,* publicado en 1968 (138).

[7] El tejido de las diferentes voces interrumpiéndose unas a otras, sin los acostumbrados indicios que guiaban antes al lector (*verbum dicendi,* especialmente), hace a la vez más difícil y atrayente la lectura, obligando al lector a una activísima participación. La autora es maestra en el arte de recrear voces de diferentes medios sociales, sexos, edades, ocupaciones cuyas peculiaridades particulares constituyen, a veces, la única señal identificadora. Véase por ejemplo, la narración del Flaco Bejarano esparcida en varias páginas (78-81), o de las vecinas Bonifacia y Chepa, a partir de la página 245.

asesinato de Eliecer Gaitán, el 9 de abril de 1948.[8] Así, el comienzo de la vida consciente de esta muchachita provinciana está marcado por ese hecho de sangre que empezó el período llamado de la Violencia en Colombia.[9] La voz narradora reconoce la importancia de la fecha porque, en la vida de Ana, coincide con otros sucesos inolvidables: "El año (1948)... fue el mismo en que se le cayó el primer diente, mataron a Gaitán, hizo la comunión y se murió el abuelo" (349).

Como en muchos modelos del género, los recuerdos de la niñez son los más abundantes. Aquí, divididos por ese fatídico 9 de abril, presentan dos caras diversas: en una está la infancia feliz, cercana al patrón idealizado de la tradición, rica en juegos y risas. La otra se aparta de esta idílica visión y muestra en los niños terror por la muerte, curiosidad por el sexo y otros problemas de "adultos" que abren nuevas perspectivas en el tratamiento literario de estos asuntos.

La preocupación por la muerte está espoleada en la vida de Ana por una fuerza social: la violencia que prevalece en el país, y una personal: la muerte de dos amigas. El recuerdo de estas muertes —sucesos pivotes que recorren el libro— se presentan continuamente enlazados, y son resorte estructurador de la novela. Las reminiscencias en el presente de Ana se precipitan por la experiencia de enterrar a Valeria, su amiga activista política asesinada por la policía. El entierro de Valeria cataliza la memoria de la muerte de Julieta, su amiguita de la infancia, que yace en el mismo cementerio.

Particularmente latinoamericano y colombiano es el hecho de que los recuerdos, aún los de más tierna edad, aparezcan siempre conectados a la afiliación política de las familias. Las niñas hablan a menudo de conservadores y liberales, y de sucesos políticos que, como el del 9 de abril, las afectan profundamente:

> La Pecosa se agarró de la mano de Ana, temblaba y lloraba diciendo que su papá estaba en Bogotá, que lo iban a matar...

[8] El recuento detallado del asesinato y las horas posteriores al hecho proviene principalmente de *El 9 de abril en Palacio* de Joaquín Estrada Monsalve, un fragmento del cual inicia la novela.

[9] Se da como fecha iniciadora de este período abril de 1948, y como fin 1957, año de la formación del Frente Nacional. Básicamente ésa es la etapa en que se ubican cronológicamente la mayoría de los sucesos de la novela.

Julieta se le aferró a la otra mano, mi papá es liberal, ¿y el tuyo?, le preguntó con su carita seria, muy pálida, y Ana le dijo que el de ella también, ¿y tú crees que los pueden volar a todos los liberales con dinamita? (28).

El terror infantil por la muerte es provocado además, en el caso de la niña, por las enseñanzas religiosas que recibe, tanto en su casa, como en el colegio de monjas a que asiste. Por ejemplo, el dolor que siente por el desaparecimiento de Julieta se agranda con el temor de que su amiguita se vaya al infierno por no haber confesado un pecadillo (75). El temor se presenta aún en el anhelado día de la primera comunión, llamado "inolvidable" por los adultos, que Angel desmitifica con humor y seriedad a la vez. El pasaje sobresale por la riqueza de diversos procesos presentados simultáneamente: la intensidad del miedo al sentirse en sacrílego pecado, la mecánica repetición de frases que la niña no comprende, la inefable emoción de la fe religiosa, junto a los más mundanos pensamientos (373-375).

El problema de la búsqueda de la vocación de Ana hace obvio el sexismo de su cultura, que no alienta en las mujeres el desarrollo de sus condiciones intelectuales y artísticas. La familia se opone a que la muchacha ingrese a la universidad —destino de su hermano— y aborta la preparación musical para la cual muestra grandes dotes.[10]

La rebeldía contra los padres, típica del *bildungsroman* clásico, se expresa aquí especialmente dirigida contra la madre, juzgada severamente en el recuerdo de Ana. La madre innominada aparece representando a una dama de sociedad provinciana, caracterizada por sus prejuicios de clase (51-61, 374), su fanatismo religioso (52), y su afán por el orden y la limpieza, que en ella adquiere rasgos de neurosis (61).

La pequeñez de mira de la madre, preocupada sólo de cumplir bien el papel asignado al "bello sexo" (299), su constante vigilancia de las salidas de Ana y la calidad social de sus acom-

[10] Con diferencias de grado, la educación de las niñas se concibe como la designaba un padre típico de generaciones anteriores: "Don Juancho Araque... Mandó a las ocho hijas a que estudiaran hasta tercero primaria...porque para saber poner el punto en las íes basta y sobra. A aprender frivolité y bolillo, que es lo que más les luce, resolvió; y cuando estuvieron en edad de merecer clavó postigos, para que no anden ventaniando y vayan a creer los demás que son unas descocadas" (229).

pañantes, provocan en la muchacha violentos deseos de romper el cerco de la casa y el pueblo. Así resume Ana su condición de prisionera:

> Qué voy a haber ido [a Grecia] si no me dejan ir más lejos que Cerritos, o es que no entiendes lo que te estoy diciendo. [Soy] un Sabú sin alfombra voladora, el gato sin sus botas, Aladino sin lámpara, Alicia sin espejo, una imbécil sin alas... (65).

Así como la muerte, también lo sexual se impone temprano en la experiencia de los niños. La conjunción de terror por los crímenes de la Violencia, y la curiosidad por fenómenos relativos al sexo, figura en muchas páginas, pero puede ejemplificarse en la siguiente conversación de Ana y su hermano, todavía niños:

> No pudo pegar ojo... ¡Juan!..., y él, ¡qué! ¡deja dormir!, pero ella se pasó para su cama donde se acurrucó sobrecogida... Es que tengo pesadillas: ¿tú no? Yo también: se me aparece a cada rato esa señora que don Anselmo dijo que habían despellejado viva... Juan: ¿tú sabes qué es emascular? ¿Emas qué? Emascular: lo leí ayer en el periódico cuando mi mamá se descuidó, decía: en el Cocuy los bandoleros emascularon veintiséis niños y raptaron las doncellas... También decían que las doncellas las perjudicaron... (165).

En el ámbito de lo personal, el tratamiento de la sexualidad está entre los rasgos sobresalientes de la novela. Angel recreó con lírica finura, dramatismo o comicidad, pero siempre con inusitada franqueza una amplia gama de experiencias femeninas. Los recuerdos consignan la iniciación del placer erótico de Ana en manos de una campesina mayor que ella, a temprana edad. La escena, desprovista de todo comentario moralizante, yuxtapone sentimientos que mezclan el deseo de querer y no querer participar en el juego a que se la invita, la curiosidad que la empuja a aceptarlo, el temor porque barrunta de alguna manera que es juego prohibido, y el indudable goce sexual que Ana experimenta (108).

De más amplia resonancia en la memoria y la vida de Ana es el suceso de su desfloración, a los 13 años, en que aparecen los mismos impulsos de querer y no querer, la curiosidad y el goce, pero ahora junto a la repugnancia y al dolor. Alirio, peón de la finca paterna y compañero de juegos de la muchacha, mucho mayor que ella, es el "seductor" que con habilidad manipula a la niña que lucha entre el deseo de los "mimos" y de rehuir del dolor (316).[11]

Una penosa secuela del temprano desvirgamiento aparece en las páginas que narran el conocimiento del amor que experimenta Ana con Lorenzo. La autora luce gran destreza para hilar tiempos, personas y sensaciones diferentes en el recuerdo de la mujer, obligando al lector a yuxtaponer escenas muy separadas en el texto, y reconsiderar el peso significativo del trauma sexual iniciatorio. Si se revisa la repetición de palabras y frases de Alirio en el fragmento que relata el acto sexual con Lorenzo (abreviadas y subrayadas en la cita a continuación), se verá el juego connotativo del *no quiero* de la primera experiencia (316), con el *no puedo* de la segunda (297), que miden la distancia emocional que los separa:

> comenzó...a despertar mi cuerpo, a descubrirlo...y su lengua quemaba como una llama viva, absorbía mis jugos, me colmaba de tibiezas... ¡no puedo!, porque el cuerpo de Alirio era el que me montaba haciéndome sentir lo de aquel día en el cañaduzal: *cómo es tu amiga, ¿tan linda como tú?, me preguntaba mientras que sus manos me hurgaban sudorosas*...no tengas miedo amor...hasta que al fin aquel dolor dejó de ser como una *cuchillada* y la imagen de Alirio se fue descomponiendo, y de nuevo aquel vértigo, pero era diferente porque la náusea no me acosó esta vez ni se me rompieron las entrañas sino que más bien se fueron esponjando como una flor que se abre en muchos pétalos (297).[12]

La actitud diferente de Ana hacia los goces físicos, aceptados abiertamente, es una de las expresiones de su ruptura con los

[11] A pesar del engaño y la violencia, la narración sugiere un orgasmo en la niña. Como tal, o como desmayo, o ambos, puede leerse aquel: "de pronto algo la sacudió como si fuera una descarga eléctrica, vio todo borroso, todo oscuro, y no supo de más; y cuando fue volviendo a darse cuenta, Alirio estaba encima todavía, sin pronunciar palabra (316).

[12] El goce sexual femenino no es exclusividad sólo de las mujeres de la época contemporánea, en la novela. Véase, por ejemplo, el poético "desatarse desgarrado" de su amor por su marido, de doña Cecinda, una patricia dama de las familias fundadoras (187).

moldes sociales tradicionales. Otra es su colaboración con activistas políticos, clarinada rebelde que refuerza el patrón de tejer el suceso personal en la urdimbre de lo social. La alianza de lo político y de lo sexual lo vivirá Ana adulta, entre otras experiencias, a través de las torturas sufridas por Lorenzo —concentradas especialmente en sus genitales— y la actitud libidinosa del guardia hacia ella y el cadáver de Valeria.

Para confirmar la fuerza que lo político tiene sobre todas las vidas, la novela utiliza documentos históricos, trasmisiones radiales, editoriales de diarios...que funden ficción y realidad en un todo difícil de separar. Muchos sucesos de la novela se encargan de desmentir la falsedad de las declaraciones históricas de los que ejercen el poder. En otras ocasiones, Angel se limitó a insertar, sin comentarios, documentos que se contradicen. Un ejemplo: en 1954, en una de las tantas protestas estudiantiles contra el gobierno, algunos alumnos resultaron muertos o heridos a manos de la policía. El Presidente de la República se comprometió oficialmente a "ventilar lealmente ante la opinión pública los acontecimientos favorables o adversos" (282). Estas palabras las refuta a continuación la reproducción facsímil de una página de *El Tiempo,* con el decreto presidencial que "prohibe la publicación de toda información gráfica y literaria o comentario que se relacione con los hechos de sangre ocurridos los días 8 y 9 de junio".[13]

Si, como asegura Buckley al relacionar el *bildungsroman* con la novela autobiográfica, el personaje central muestra con el libro que leemos que su destino estaba proyectado hacia el arte (280), debemos colegir que en el desarrollo de Ana habrá indicios en esta dirección. Fuera de su pasión por las lecturas y las historias que se cuentan, el indicio más claro en el camino de la literatura se encuentra en la atracción que la niña siente desde pequeña por las "palabras lindas" que anota cuidadosamente (39, 372). Aparte de estas señales, creemos que Angel eligió apuntar a un posible futuro de Ana a través de la figura de Valeria, su modelo de conducta. Valeria pasa horas escribiendo,

[13] En la segunda edición de la novela (Plaza y Janés, 1982), se pierde este efecto porque la impresión de la página de *El Tiempo* es tan pequeña, que no se alcanza a leer (234). Por otro lado, la mezcla en la novela de textos de diferentes procedencias es obviamente un desafío a la cómoda creencia en la nítida separación de las categorías literarias.

y admite que lo que escribe tal vez vaya a ser una novela (295), actividad que Ana admira y envidia.

La creación del personaje de Valeria como *alter ego* ideal de Ana puede verse como una necesidad de la autora para dar mayor verosimilitud a la última. Ana, a pesar de su sensibilidad, sentido de la justicia, y otras cualidades, ha sido formada (o deformada) por los imperativos de su clase social. De ahí cierto aire frívolo y superficial que la caracteriza. Es por Valeria, hija de una criada, universitaria y trabajadora política, que Ana aprende de la vaciedad de la vida de las "encopetadas", de su propia falta de educación, y de la necesidad de hacer algo "que sirva a los demás" (103). Ana aspirará a tener la solidez de carácter que admira en su amiga:

> Valeria no es como las demás. No creas. Es alguien con algo que mucha gente envidia, que te quisieras tú, que me quisiera yo... No sé definirte ese algo con palabras. Es su manera de pisar la tierra, de estar en ella, de ser como los árboles, ¿entiendes? Con la raíz clavada muy adentro... (102).

La imagen de la raíz, usada con frecuencia en la novela, es un símbolo polisémico que se refiere tanto a la búsqueda de identidad que persigue Ana (*su* raíz), como a la carga que su medio, geografía, familia, ancestro (*sus* raíces) le han impuesto, y que ella necesita entender para entenderse. La necesidad de autocomprensión —típica del género— la enuncia varias veces Ana en la novela ("...ahora mismo estoy tratando de entender. Porque sabemos y no entendemos nunca el porqué de las cosas" [24]). De hecho, el resorte de la retrospección que moldea la estructura del libro, tiene en su base el sentimiento de Ana de no saber quién es, espuela que la obliga a mirar atrás para aprender a verse:

> Tienes que perdonar esta manía de reincidir en las historias tristes, pero es que un no sé qué me hace volver el rostro atrás, mirar en el espejo, desandar un largo caminito que según el horóscopo tenía que ser bordado en rosas con alelíes y violetas (280).

Examinar la raíz es para Ana volver los ojos a aquella época lejana de su niñez para "recuperar el sueño donde ella corría por medio de una roza de maíz abriendo los capuchos" (106). Pero también, enfrentar el terror a la muerte, al pecado y a la injusticia conocidas en el pasado, repetidas con creces en el presente. Ese no sé qué de la cita es el presentimiento primero y el conocimiento luego de la muerte horrible que va a sufrir Valeria, acontecimiento pivote de las reminiscencias que en el esquema circular del libro, lo empieza y lo termina. En el nivel social del mundo representado por la novela, este esquema circular sugiere la repetición de hechos de violencia. En el mundo personal de Ana, el asesinato de su amiga y la posible muerte de su amante herido, sin duda cambiarán su vida radicalmente.[14] El final abierto abandona a la narradora con su vida a medio hacer.[15] Esta conclusión sin clausura, sin embargo, aunque sin marcar el destino futuro de Ana, lo deja insinuado en una dirección diferente a los moldes domésticos y conservadores que su medio y su familia diseñaron para ella. Ana evidencia una clara conciencia de los males sociales y sus causas, incluyendo los más sagrados mitos tradicionales. Las acciones de Valeria —modelo que guía tanto a ella como a Lorenzo— señalan caminos que incluyen hasta la lucha armada como opción abierta para la mujer. Al revés, entonces, de esa afirmativa integración social del héroe del *bildungsroman* clásico, en este latinoamericano, la heroína rompe con la organización socioeconómica de su mundo, que con sus experiencias ayuda a desenmascarar.

Buckley afirma que en casi todas las novelas de formación europeas que él examina, el conflicto central es personal en su origen (22). En *La pájara pinta,* como hemos visto, lo personal está inextricablemente unido a lo social y político. En vez de la

[14] No está claro si Lorenzo, herido y afiebrado, va a poder salir de la casa en que está escondido. Algunas frases que se repiten al comienzo y final del libro usan la palabra "sueño" en más de un sentido (9, 385).

[15] Es propio del *bildungsroman* presentar un "final abierto", provisorio, según Jost en el artículo citado en nota 2 (99-100). A diferencia, sin embargo, de que según este crítico, el modelo clásico hace vislumbrar "una solución para todos los problemas" (99), aquí más bien el personaje como el lector quedan abrumados con el peso y la dificultad para solucionarlos. Lo único positivo, quizás, para el futuro de Ana, es que ya estará liberada de ilusorias amarras que la reminiscencia y análisis le ayudaron cortar. Una Ana ya adulta es la que puede decirse al final: "mirar atrás es vano; ...aquella raíz ya se arrancó de cuajo: ...la felicidad y el árbol de guayaba son nada más que un espejismo". (390).

peripecia usual del *bildungsroman* clásico, que se desarrollaba alrededor de los obstáculos que impedían al o la protagonista encontrar el amor y una posición social satisfactoria, Albalucía Angel concibió a su figura central rodeada de una multitud de personajes y acontecimientos históricos unidos a los de ficción. Ellos influyen en la formación de la heroína, pero a la vez funcionan como testigos de sucesos cruciales, que, más allá de la crónica individual del personaje, afectaron profundamente la historia de Colombia.

LA "SABINA" DE JULIETA CAMPOS, EN EL LABERINTO DE LA INTERTEXTUALIDAD

*Juan Bruce Novoa**

Para Eliana y Patricia

Ya al comienzo de los años 70, Julieta Campos (Cuba/México, nacida en 1932) era una crítica y narradora establecida, y en la última década ha alcanzado prominencia como presidenta del P.E.N. Club mexicano, miembro de la junta editorial de *Vuelta*, y como directora de la *Revista de la Universidad de México*. Además, durante este período, sus dos libros de prosa experimental —*Tiene los cabellos rojizos y se llama Sabina*, y *El miedo de perder a Eurídice*[1]— que a falta de una descripción más exacta se conocen como novelas, le aseguraron un lugar en la vanguardia de la escritura innovadora latinoamericana. Ambos textos son difíciles y presentan retos poco comunes a la crítica; lo que parcialmente explica la escasa atención que han suscitado.[2] En este ensayo me concentraré en *Sabina*, reservando el tratamiento de *Eurídice* para el futuro.

Los trabajos en prosa publicados por Campos en los años 60

* Traducido del inglés por Federico Borges, Universidad de Massachusetts, Amherst.

[1] Julieta Campos, *Tiene los cabellos rojizos y se llama Sabina* (México: Joaquín Mortiz, 1974); *El miedo a perder a Eurídice* (México: Joaquín Mortiz, 1979). A la primera llamaremos simplemente *Sabina*, ofreciendo los números de página correspondientes entre paréntesis.

[2] Hasta la fecha sólo se le han dedicado íntegramente dos artículos. Martha Paley Francescato, "Un desafío a la crítica literaria: *Tiene los cabellos rojizos y se llama Sabina* de Julieta Campos", *Revista de Crítica Latinoamericana*, 7, no. 13, 1981, pp. 120-125; Hugo J. Verani, "Julieta Campos y la novela del lenguaje", *Texto Crítico*, 2, no. 5, sept.-dic., 1976, pp. 132-149.

pueden ser situados dentro de la modalidad narrativa que va desde Virginia Woolf hasta Nathalie Sarraute. *Muerte por agua*[3] es síntesis de Woolf y Sarraute. En esa primera novela, una de las preocupaciones temáticas más importantes de Woolf —el proceso sicológico de una mujer inmersa en las actividades banales y aburridas de la vida diaria— es expuesta mediante las innovaciones técnicas de Sarraute en el uso del fluir de la conciencia —el sondeo de los estratos más profundos de la conciencia a través de la yuxtaposición del diálogo superficial y trillado y de lo que Sarraute ha llamado "subconversaciones", el substrato de lo no-dicho, que se manifiesta mediante recursos no-verbales: gestos, silencios, inflecciones, expresiones faciales, etc. La síntesis de Campos es estructural. El primero y el último capítulo están escritos en el tipo de diálogo anónimo y trillado de Sarraute, mientras que los cinco capítulos intermedios aluden al uso que hace Woolf de la narración en tercera persona firmemente anclada en un personaje, que en este caso se llama Laura.[4] Los capítulos intermedios exhiben también la descripción detallada de objetos, a la Robbe-Grillet.

Las historias de *Celina o los gatos*,[5] el segundo libro de Campos, trazan un movimiento que se aleja de la caracterización —no había trama por así decirlo, en la primera novela— e intensifican la descripción del ambiente:

> El orden de los textos responde a esa forma cada vez más evanescente que, sin embargo, no llega a desaparecer del todo.

[3] Julieta Campos, *Muerte por agua* (México: Fondo de Cultura Económica, 1965).

[4] R.M. Albéres ve a Sarraute como una síntesis de Woolf y Proust:

> Nathalie Sarraute se parece mucho a Proust en el snobismo, se asemeja mucho a Virginia Woolf en el impresionismo, en la niebla en que envuelve sus palabras y en la indecisión; pero emplea a su modo el descubrimiento literario del monólogo interior. Todos y cada uno de sus libros son un concierto vocal de charlatanería y una suave ridiculización del parloteo general. A esta autora le gusta reproducir las voces humanas y sus chocheces elementales en una especie de unanimismo estereofónico: es el disloque de la conversación, la vida verbal de los humanos en toda su frívola estupidez...

Metamorfosis de la novela (Madrid: Taurus Ediciones, S.A., 1971), versión española de Cecilio Sánchez Gil, p. 241.

[5] Julieta Campos, *Celina o los gatos* (México: Siglo XXI, 1968).

> Los personajes se desdibujan hasta que sólo queda la atmósfera que los aloja, vacía de voces y de gestos: la ciudad, una y múltiple, eco y nostalgia, distante ironía que rechaza a quienes la habitan (p. ix).

En resumen, Campos, en su prosa temprana, tiende hacia el *nouveau roman,* que le resta importancia a los mecanismos miméticos tradicionales, a la trama y al personaje. Dentro de esa orientación, hubo una aparente evolución desde un parecido con Sarraute hacia un énfasis descriptivo más cercano a Robbe-Grillet. Sin embargo, como ella apunta en la cita anterior, la figura del personaje no desaparece por completo, y ese personaje es una mujer.

En sus trabajos críticos, escritos al comienzo de los años 60, las predilecciones de Campos quedan claras. *La imagen en el espejo* abre con ensayos sobre Virginia Woolf y Malcom Lowry, e incluye dos más largos sobre el *nouveau roman.*[6] Los últimos dos revelan una aparente preferencia por Sarraute, especialmente en el contexto de los ensayos sobre Woolf y Lowry, maestros ambos del uso del fluir de la conciencia. Campos bien pudo haber estado hablando de sí misma y de su narrativa temprana en la siguiente defensa que hace de Sarraute por su uso continuo de la sicología frente a la negativa de Robbe-Grillet a utilizarla por considerarla un vestigio de realismo:

> Nathalie Sarraute afirma que no se ha agotado todavía lo psicológico y considera que toda técnica debe rendir todos los frutos antes de ser sustituida por otra: que el novelista no puede renunciar aún a volver los ojos sobre sí mismo y que la descripción simplemente externa de una acción deja escapar, mezclándose con la arena más gruesa, las pepitas de oro de la verdadera sustancia viviente (p. 42).

En su entrevista, Campos ha admitido el haber utilizado la introspección autobiográfica en *Muerte por agua,*[7] y Hugo J. Verani ha mostrado sus semejanzas con la obra de Sarraute.[8] Sin

[6] Julieta Campos, *La imagen en el espejo* (México: Universidad Nacional Autónoma de México, 1965).

[7] "Julieta Campos", *La cultura en México,* no. 214 (23 de marzo, 1966), p. XV.

[8] Verani, *op. cit.*

embargo, el comentario antes citado continúa con una justificación que le permite a Campos ir más allá de sus fuentes: "Las formas de la novela tradicional no pueden servir para contener una realidad distinta y, a un nuevo contenido, a una nueva materia debe responder el narrador con una técnica adecuada". La novela sicológica de personajes era, indudablemente, una tradición ya establecida para los años 60, y Campos toma firmemente distancia de ella, aún del tratamiento innovador de Sarraute. En *Celina o los gatos,* y aún en los capítulos intermedios de *Muerte por agua,* la descripción ya desplazaba al proceso sicológico. En los años 70, su experimentación irá aún más lejos, especialmente en la dirección de la metaliteratura y la intertextualidad.

Sin lugar a dudas, *Sabina* no es una novela tradicional. La obsesión con las descripciones del campo de la visión, de las relaciones espaciales y del acto narrativo mismo la ubican dentro de la esfera del *nouveau roman.* La ausencia de personajes y diálogo, y la abundancia de descripciones, parecen acercarla a Robbe-Grillet. Mas si buscamos una explicación de *Sabina* en los ensayos de Campos, encontramos otra referencia a Sarraute:

> El pintor, el escritor, no está al margen del mundo, contemplando únicamente como espectador y con una facultad singular para constituir otros universos dentro de ese mundo. Es un objeto más dentro del mundo y puede ser contemplado desde afuera, por un espectador capaz de contemplar su obra, de contemplarlo a él creando su obra, de contemplar el mundo que él ha creado dentro del mundo —si hubiera un super-espectador privilegiado, situado todavía más arriba— viendo las cosas desde un observatorio envidiable, digamos Dios, podría reunir en una misma mirada al artista, a la obra y al espectador de la obra, y a todo lo que los rodea, como tantas partes de algo completo, impecablemente cerrado sobre sí mismo, un universo ordenado donde cada cosa tendría su lugar.[9]

Inmediatamente, Campos cita como ejemplo a Sarraute y su novela *Les fruits d'or.* Sin embargo, este comentario describe a *Sabina* bastante bien, quizás, aún mejor de lo que describe

[9] *La imagen en el espejo,* p. 90.

cualquiera de las novelas de Sarraute. Si se pudiere aún vincular a *Sabina* con Sarraute, y aún con Woolf, es sólo al leerla como la posibilidad de un monólogo interior extendido —un párrafo de ciento sesenta y ocho páginas— dentro del personaje del narrador, quien es nada más ni nada menos que el texto mismo. El texto intenta convertirse en espectador de sí mismo, y de su propio proceso. Así como Sarraute desarrolló e intensificó el fluir de la conciencia de Woolf, Campos ha llevado el estilo de Sarraute a su consecuencia lógica al localizar la narración dentro de la conciencia del escritor.

Más cercano que los *nouveau romanciers* franceses, y también más cercano al intento de Campos en *Sabina,* está Salvador Elizondo. Su *El hipogeo secreto* (1968) también podría haber sido el modelo para el comentario que antecede, de no haber sido publicado sino cuatro años después de la publicación del ensayo de Campos. De hecho, Campos citó estas mismas palabras de su ensayo para comenzar su reseña de *El hipogeo secreto.*[10] La novela de Elizondo también se concentra obstinadamente en el escritor en el acto de escribir sobre personajes que imaginan u observan a un escritor imaginando personajes que imaginan a un escritor...etc. Elizondo se nombra a sí mismo como el escritor en el texto, y en el cuarto hay una mujer que lo observa trabajar mientras lee un texto llamado *El hipogeo secreto* —el cual, claro está, está siendo simultáneamente escrito por Elizondo y leído por el lector. Campos, sin embargo, no es una imitadora servil. Aunque *Sabina* es tan sumamente intelectual como *El hipogeo secreto,* y aún algo se le parece en la dinámica de la ejecución y la observación por un testigo del acto de la escritura, Campos evita de Elizondo los elementos sensacionalistas del erotismo y su propensión a lo esotérico y lo hermético. Por otra parte, mientras Elizondo sitúa sus personajes femeninos en los tradicionales roles pasivos —el lector y el objeto admirado en *El hipogeo secreto*; el objeto erótico y la víctima en *Farabeuf* (1964)— Campos privilegia a las mujeres como agentes activos, las narradoras, creadoras y recreadoras de sus propias ficciones y sus propias imágenes de sí, no obstante el quedar inscritas dentro de un mundo dominado por los hom-

[10] Julieta Campos, "Una novela que llega a los límites de la novela: *El hipogeo secreto*", *Oficio de leer* (México: Fondo de Cultura Económica, 1971), pp. 62-65.

bres. Campos es, a las claras, distinta de sus más similares colegas en México. Quizás la diferencia esencial —y la que más nos recuerda su vínculo con Virginia Woolf— es que *Sabina* es una deconstrucción feminista del logocentrismo masculino.

La voz narrativa en *Sabina* zambulle al lector en sus complejas formulaciones desde la primera página:

> Soy un personaje que mira el mar a las cuatro de la tarde. Pero también soy alguien que imagina a ese personaje que soy yo misma. Y soy las palabras que imagino y que, al ser imaginadas, me obligan a mirar el mar desde un mirador de Acapulco. (p. 11).

La voz narrativa se fragmenta en cuatro posibilidades: la observadora, que imagina las palabras/texto imaginados y otra observadora. Se establecen nexos entre la primera y la cuarta mediante metonimias de acciones en común, el mirar; de objeto observado en común, el promontorio saliendo del mar; de ubicación común, el mirador de Acapulco. El discurso de estas oraciones, espacial y temporalmente extendido, completa un ciclo de vuelta hasta la imagen sincrónica del punto de origen/meta, a un mismo tiempo igual y diferente de sí, que conserva la memoria del viaje. Los lectores son prontamente advertidos de que *Sabina* no promete llevarlos a ningún otro sitio como no sea al círculo cerrado de la literatura, mientras les ofrece un viaje a través de una multiplicidad de sujetos/objetos, ninguno de los cuales ejerce absoluta posesión sobre el texto. Se advierte a los lectores de que ellos en tanto lectores/imaginadores son vulnerables de ser incorporados como un punto de referencia más dentro del espacio del texto como imagen.

A medida que el texto progresa, encontramos perspectivas narrativas adicionales. Hay otra persona, lejana, en el tiempo y en el espacio, de Acapulco, sentada en un escritorio y mirando unas fotografías del mar; imaginando y/o escribiendo el texto. Otra mujer está cerca del promontorio, sentada cerca de un hombre que lee a Unamuno; ella toma notas para una novela que puede que escriba, o que ahora escribe. Una de estas narradoras en potencia, o Campos misma, también imagina a un escritor masculino alojado en otra habitación del hotel —el laberinto— que trabaja en su novela acerca del hotel, en la cual considera si incluir o no a una mujer (una de nuestras narradoras) a la cual puede ver en el balcón de un piso debajo del suyo. Las narradoras en potencia dentro del escenario del hotel también imaginan los personajes posibles de la novela basándolos en los otros huéspedes, como por ejemplo, una joven que nada en la piscina. El texto toma continuamente, solo para luego abandonarlas, una o más perspectivas; pero siempre queda claro que ni los puntos de vista, ni lo que queda dentro del campo de la visión, o de la imaginación, son escenarios para una narración, sino perspectivas o posibilidades para ser discutidas como tal, perspectivas en potencia, textos en potencia. En vez de escribir o narrar desde una perspectiva determinada, la narradora discute la perspectiva, y frecuentemente, la voz que discute no es la de la misma narradora que habita la posición en cuestión, sino una que imagina a la otra. El resultado es que la metaliteratura —metaobservación— reemplaza a la narración. El texto no nos deja seguir una trama porque, simplemente, no desarrolla ninguna. Lo único que aparentemente sí sucede es un juego de lenguaje en donde se inician, consideran y abandonan posibilidades de novela.

Cerca del final del texto se abre la pregunta sobre cuál de las novelas en potencia es la que se está discutiendo. En una enumeración de posibilidades, aparecen cuatro narradores básicos:

> ¿De qué novela se trata? ¿De la que alguien, probablemente una mujer, está escribiendo en un escritorio de maple americano o de la que atribuye como proyecto a un personaje femenino que ha colocado en una escenografía magistral, frente al Océano Pacífico? ¿O acaso de la que escribiría un narrador escondido en un cuarto llamado *El laberinto* del mismo hotel de Acapulco o de la que podría llegar a escribir una escritora que por el momento se limita a tomar notas sentada en los escalones del promontorio junto a un anciano español que lee a Unamuno? (p. 173).

De hecho el texto rehusa obstinadamente el privilegiar a ninguno de los narradores. Además, no debemos olvidar que cada uno de éstos puede verse fragmentado, como nos lo había mostrado Campos al comienzo. *Sabina* emerge polivalente y dialógica, resistiendo cualquier tendencia que intente reducirla al binarismo —que el texto mismo explota— o al monologismo.

La perspectiva auténtica de *Sabina,* la única posible, en vista de la negativa del texto a que cualquiera de las perspectivas de las muchas ofrecidas cuaje, es la del super-espectador a que hace referencia Campos en su ensayo. Sería la imagen del libro como la suma total, actual y potencial, de todos los lectores. En resumen, una perspectiva ideal y nunca realizable en términos humanos, la perspectiva imposible. Y en un texto que depende tan deliberadamente de la perspectiva, esto hace, a la novela en sí, sólo posible en este espacio ideal de lo imposible, lo nunca escrito, aunque siempre por escribirse; novela tan cara a los escritores contemporáneos.

Es posible que un lector tradicional, abandone a *Sabina* frustrado. A pesar de lo que alega la publicidad en la cubierta, el texto no es el canto lírico de una sirena que garantiza seducir y mantener la atención del lector con su belleza. El lenguaje de Campos es demasiado prosaico, su contenido demasiado intelectual para que *Sabina* sea lírica. Indudablemente, podría decirse que el texto es poético, porque la yuxtaposición de las unidades o fragmentos en prosa, a la manera de un *montage,* nos fuerza a percibir el texto como un todo sincrónico, como se percibe a una imagen poética, en vez de diacrónicamente, como se percibe el discurso de la prosa.[11] Sin embargo, puede que los lectores la abandonen antes de terminar, preguntándose qué ha intentado lograr Campos en *Sabina.*

Una respuesta obvia, y superficial, sería que Campos se ha propuesto evitar el discurso lógico de la novela narrativa tradicional. Esta meta ya se ha vuelto un lugar común en la narrativa latinoamericana, al menos desde la *Rayuela* de Cortázar, si no antes. Campos, sin embargo, escribe la clase de novela sobre la cual sólo teoriza el novelista ficticio de Cortázar, Morelli, y que Cortázar nunca logra. Mientras *Rayuela,* a pesar de lo que ahora nos parece una fragmentación cándida de la trama, nos ofrece un argumento bien delineado y personajes memorables, Campos desecha ambos; mientras *Rayuela* parodia la narrativa de vanguardia repitiendo otra ficción del mismo molde, Campos rechaza el discurso de esa ficción restringiendo su parodia a

[11] Martha Paley Francescato enfatiza las cualidades poéticas de *Sabina* (véase la nota 2), pero no señala que el esfuerzo por hacer a la prosa funcionar como poesía, forzarla a existir como una imagen sincrónica, es el propósito común de la generación de Campos en México. Podemos encontrar el mismo proyecto en los textos de Juan García Ponce, Juan Vicente Melo, José Emilio Pacheco, y aún Salvador Elizondo.

breves referencias intertextuales y breves alusiones. *Rayuela* continúa una tradición al repetirla; *Sabina* saluda la tradición alardeando su propia diferencia.

De vuelta a la primera página del texto, encontramos una yuxtaposición de pasajes reveladora. A lo que será el *leitmotif* de la ausencia de una narradora —"No estoy aquí. Estoy en otra parte, hace veintidós años"— se opone el siguiente comentario metaliterario: "Si fuera el principio de una novela hubiera debido empezar así: *Mucho tiempo he estado acostándome temprano. A veces, apenas había apagado la bujía...* pero no sé cómo habría terminado, porque sería otro el narrador... Esta es, sería, mi novela y la frase de Proust, después de todo, no hubiera servido" (p. 11). La afirmación es trivial; ningún texto puede repetir otro, como ha mostrado Borges en su "Pierre Menard, autor del Quijote", aún cuando sean idénticos. Pero hay una significación más profunda. La narradora niega no sólo la posibilidad de ser Proust o de reescribir su novela, sino también la posibilidad de usar dos paradigmas por los cuales Proust es una metáfora.

En otro ensayo, Campos ha explicado la diferencia entre Proust y Claude Mauriac con respecto del intento de captar en su prosa un tiempo en que coexisten un presente fugaz y la suma total del pasado:

> Proust trataba de recrear la continuidad de un tiempo concluso, de recuperarlo y rescatarlo para llenar el presente. El pasado sustituía a un presente borrado, del que no se podía dar cuenta. Para Mauriac lo que existe es el presente, la obra de arte da cuenta del presente y del pasado sólo cuando aflora en el presente y coincide como una imagen más, al lado de las sensaciones y reflexiones sugeridas por lo que *está siendo* en el momento, en *este* momento. El pasado se borra como pasado y existe sólo como presente. Pero hay más. Proust creía poder salvar algo. Contra el paso del tiempo, la corrupción de las cosas, había un dique, la obra de arte...Mauriac ve en el fondo, detrás de esa súbita y engañosa satisfacción de la obra de arte un fracaso, una derrota.[12]

Para Campos, la percepción proustiana del tiempo resulta ana-

[12] *La imagen en el espejo*, pp. 87-88.

crónica en una sociedad orientada hacia el presente. Proust es, entonces, la metáfora de un tipo de narración ya imposible. Sólo tenemos al alcance el presente; entonces, lógicamente, sólo el momento de la escritura es el asunto apropiado para el narrador. El pasado debe aparecer, si apareciere, dentro del presente. Esto explica el que Campos insista en el acto de la escritura, el único acto verdaderamente presente para el escritor. Todos los intentos de captar la vida fracasan porque ésta no puede ser atrapada. Esto, a su vez, explica por qué la novela nunca puede ser escrita; su proyecto recuperativo es imposible. El texto sólo puede documentar ese fracaso. *Sabina* abre con una imagen del pasado que inmediatamente entra en competencia con la interferencia metaliteraria. El principio de la novela queda frustrado, la imagen buscada se queda en el pasado lejano, no explorada. La novela de recuperación tradicional ya no es posible.

Proust es también una figura prominente dentro del canon de la escritura masculina, representando la obsesión de capturar la imagen femenina/de la mujer. Campos yuxtapone su búsqueda a la de Proust, y luego rechaza esta última, y por ende, todo el canon de la literatura masculina que ha definido la imagen de la mujer como mito, premio, objeto, pero no sujeto. Proust es una sinécdoque por ese proyecto masculino, sólo el primero en una larga serie de hombres que aparecen en el texto.

El gesto de rechazo de Campos debe ser repetido muchas veces porque las narradoras están rodeadas por las trazas de los textos masculinos —las narraciones, las películas, la mitología, el repertorio de imágenes. En las primeras diez páginas los lectores tropiezan con Shakespeare, Fellini, Durrel, Robbe-Grillet, Hemingway, y Tennessee Williams; y numerosas otras alusiones a autores y obras, entre ellas una a Salvador Elizondo. Este proceso continúa hasta el final, cuando, en un aparente intento de despejar del camino tan importuna mitología masculina, una de las narradoras afirma el aspecto estrictamente fenomenológico de su texto y niega toda mitología: "pero en esta novela no hay ningún mito". No obstante, la visión misma se enreda en la intertextualidad cuando es representada por/dentro del lenguaje, y aquí la intertextualidad significa dominación masculina:

> No hay ningún mito sino tan sólo una mirada imaginaria que finge ser una mirada real pero que sólo siendo imaginaria puede aludir, como lo hace, a todas las miradas que han mirado al mar y a algunos de los infinitos motivos que han tenido los hombres para mirar el mar" (p. 174).

Campos rechaza la ilusión mimética y aún la posibilidad de una experiencia inmediata. El lenguaje es el vehículo de la experiencia, y el lenguaje está supeditado a la cultura. En el arte, ningún acto simple de observación es posible, porque éste siempre referirá a patrones previos de observación.

Campos explica, aunque sólo implícitamente, esta intertextualidad ineludible en su ensayo "La imagen en el espejo":

> El arte ha sido desde el principio el espejo donde el artista se ha contemplado al contemplar el mundo...Y en el espejo, desvanecida su imagen, queda la imagen definitiva, su creación, ese reflejo singular.[13]

El artista deja una impresión en el espejo del arte, que Campos en su ensayo vincula al mundo mismo, y esa impresión determina los intentos futuros de describir el mundo. Todo texto, un esfuerzo de estructurar la experiencia, tiene que vérselas con la presencia de los esfuerzos previos que ya son parte del lenguaje mismo. Estos textos previos, acumulados por siglos, han determinado las posibilidades retóricas del lenguaje que las narradoras de Campos tienen a su disposición. Y la gran mayoría de estos textos tan persistentes fueron escritos por hombres. La superficie del espejo, encostrada por años de dominación masculina, refleja una imagen falsa y distorsionada. El mundo y la literatura son un palimpsesto de capas múltiples.

Campos utiliza otras metáforas para remachar su argumento; el mar y la ciudad son dos ejemplos. El mar, siempre el mismo y siempre diferente, ¿a través de cuál de esos muchos modelos literarios es visto? "Habrá que describir el mar. ¿El mar de Ulises? ¿El mar de Ajab? ¿Acaso el mar de los Sargazos? Pienso en el Caribe, en el mar que rodea a Capri, en el mar de la costa norte de Cuba" (p. 59). Cada uno implica al resto en una metonimia de nunca acabar, o como facetas de una sola imagen

[13] *Ibid.*, p. 99.

que depende de la perspectiva del observador, diacrónica o sincrónica.

Así mismo, las ciudades. Venecia aparece en el texto e inmediatamente evoca a Alejandría en virtud de la metonimia del cuerpo de San Marcos, traído de ésta a Venecia en el 828 (p. 33). El ejemplo es acertado porque lo que Campos está demostrando es la secular necesidad de las culturas a orientarse en el mundo mediante *axis mundi,* tanto espirituales como espaciales, paradigmas que funcionan como centro y que, en primera instancia, determinan la estructura del espacio —una ciudad o una narración— y luego, cómo se miran otros espacios similares. El ejemplo es también agraciado en que el verdadero nexo que une las dos ciudades es, otra vez, el mar; y otras ciudades portuarias se sucederán, en particular La Habana y Acapulco. El escenario playero de la narradora, ya imaginado, ya real, ha producido esta serie; es cierto, pero la posición de Campos es que, de hecho, es imposible eludir la serie de evocaciones. Los paisajes marinos nuevos o las ciudades nuevas, no son, inevitablemente, sino parodias en la mente del observador.

La elección de Venecia es particularmente apropiada. Desde las más tempranas crónicas de la conquista, la Ciudad de México, o Tenochtitlán, ha sido comparada con Venecia. En *Sabina* esta tradición aparece en una referencia al México del siglo diecisiete, una alusión a *La grandeza mexicana* (1605) de Bernardo de Balbuena. Balbuena, en su poema barroco, intenta impartir el sentido de la ciudad usando comparaciones, descripciones, enumeraciones, referencias mitológicas, alusiones literarias, la historia y la ciencia; en resumen, todos los recursos a su alcance. Mas al final admite que su vasto lienzo verbal de México es sólo una pobre imagen de la mayor gloria de España. La realidad es siempre referencial; la literatura siempre intertextual. Ciudad de México comenzó como una parodia en la mente europea, así como todo texto comienza como una parodia de algún otro texto en la mente del autor y en la del lector.

La referencia a Ciudad de México/Venecia propicia una confesión de la narradora sobre su propia nostalgia del absoluto perdido: "Mi manía de encontrar relaciones. Una escenografía que reúna en un paisaje todos los paisajes". Una vez más el atávico ideal demuestra su persistencia, esta vez en la narradora misma. Mas la tentación es mitigada por el autoanálisis metaliterario: "Una escenografía que exteriorice el paisaje interior [una alusión a la ficción de Sarraute y a la suya propia], que no es sino un añadido de ilusiones, de pesadillas, de recuerdos y de anticipaciones. ¿Lo que has creído ver concentrado, por un momento, en *esta* escenografía? Los espejismos son breves y no se repiten" (p. 38). Este movimiento, desde múltiples referencias hasta una unidad ideal que entonces se desmorona bajo el peso del análisis y que termina en la aceptación de la literatura como espejismo, es ejemplo del fluir general de *Sabina*. Así como Campos no permite que los ideales ilusorios se aglutinen como base para una narrativa tradicional, tampoco permite que el repertorio de imágenes masculinas permanezca intacto.

En este laberinto de intertextualidad, el problema de Campos, y de la escritura feminista, es que la intertextualidad parece estar dominada por textos masculinos. Un ejemplo de la casi imposibilidad de escapar del laberinto de la intertextualidad masculina es el de la mitología antes citado. Al leerlo, los lectores consecuentes de Campos oyen un eco de otro de sus textos. Una vez más se nos conduce a los ensayos. Y en "La novela de la ausencia", después de haber discutido la posibilidad de una interpretación mitológica de *Les gommes* de Robbe-Grillet, añade una nota. La referencia, añadida remite a la explicación de *Les gommes* que ofrece Bruce Morissette como una versión moderna de la tragedia de Edipo. Campos, sin embargo, añade algo que le parece más significativo aún:

> Es evidente, en todo caso que Wallas-Edipo es un personaje antitrágico, deliberadamente caricaturizado. Por eso resulta muy sugerente la interpretación de L. Rodiez (texto inédito citado por Morissette) que considera a *Les gommes* como la demostración de la imposibilidad para el hombre contemporáneo de nutrirse de los mitos heredados del pasado. La goma buscada por Wallas sería un instrumento para borrar la continuidad con el pasado.[14]

He incluído esta aparente digresión para mostrar lo complejo del tejido intertextual de Campos. Su aparentemente sincero y personal rechazo de la mitología es de hecho otra alusión que nos lleva de vuelta a Robbe-Grillet, pero una cuyo nexo es la referencia a un texto que es citado en otro, este último inédito,

[14] *Ibid.*, p. 68.

mas, sin embargo, ya ejerciendo una influencia intertextual —y todos los textos han sido escritos por hombres. Aún más, los tres hombres dialogan sobre una figura logocéntrica masculina, literaria, mitológica y sicoanalítica, que funciona en *Sabina* como *leitmotif* de intertextualidad. Con éste y otros ejemplos comprende uno fácilmente el dilema de Campos, el mismo que ella ha escogido como asunto de su texto.

El paisaje que la narradora contempla también funciona de la misma manera. El promontorio que sobresale del agua de la bahía de Acapulco es el centro de una de las visiones de la narradora. Su primera inclinación es relacionarlo con *Hamlet,* otro vínculo intertextual con Edipo, así como con otro autor deificado en el canon literario masculino. Además, Hamlet es un personaje literalmente obsesionado por el fantasma de una versión previa de sí, su padre, que a su vez alega haber sido asesinado por otra versión de sí, su hermano. Los tres hombres quedan vinculados por dos metonimias: la corona real y la madre de Hamlet, esposa de ambos hermanos. Hamlet se debate entre interpretaciones contradictorias de lo que ve, pero no puede escapar las continuas referencias al pasado. Aún más, intenta resolver el problema escribiendo una parodia de un drama, que refleja la realidad. El conflicto es fatal, en última instancia, para todo los en él envueltos. Esta imagen, con todo lo que evoca, salta a la mente de la narradora, y a la del lector(a). No es hasta mucho más avanzado el texto cuando aparece el nombre de Virginia Woolf, aunque podríamos haber esperado que una escritora hubiera asociado casi inmediatamente el paisaje marino y el promontorio con *The Waves* y *The Lighthouse* de Woolf. Las alusiones a las figuras femeninas posibles dentro de esta situación tienen que luchar para salir a flote, así como las narradoras también tienen que luchar para emerger en ese panorama dominado por el hombre. Cuando Woolf al fin aparece provoca una de las preguntas más comunes con respecto de la escritura hecha por mujeres: "¿Por qué son tan pocas las mujeres que sienten la necesidad de crear?" (p. 123), el lamento y la protesta de una mujer por tener tan pocos modelos femeninos a su disposición.

Campos no queda satisfecha con presentar este conflicto sólo en términos de la intertextualidad *per se.* Al incluir a un narrador entre las voces posibles de la novela por escribirse, puede oponer directamente las voces masculinas y femeninas.

Desde el comienzo, estas dos orientaciones compiten por el predominio: "Hay dos novelas, la de él y la mía, que se confunden y pugnan por abrirse paso y prevalecer y desplazar la una a la otra y las dos han estado viviendo una al lado de la otra, como sobrepuestas o yuxtapuestas" (p. 23). Mal podríamos pedir una enunciación más clara del conflicto envuelto en los esfuerzos literarios feministas. Sin embargo, la narradora en el hotel, recelosa de utilizar técnicas establecidas que falsifican la realidad, nunca puede decidirse sobre cómo proceder con su narración, mientras que el narrador no encuentra problema alguno al imaginar su texto. Este último sigue los patrones estereotipados de la escritura comercial, en este caso, la descripción sensacionalista del hotel en la playa, completa con misterio, violencia y la obligatoria chica *sexy* en bikini. Su única pregunta es si debe o no incluir a la mujer que aparece diariamente asomada al balcón, nuestra otra narradora. El es el narrador del realismo, del modo mimético, en su variedad explotadora que escoge los detalles para satisfacer los intereses morbosos del público. Otra metáfora que apunta hacia esta clase de escritura es *In Cold Blood,* la novela documental de crimen de Truman Capote, que aparece continuamente en el texto como otro paradigma del tipo de escritura que para Campos es inaceptable. Estas novelas masculinas representan la ilusión mimética como falsa e imposible, como un esfuerzo de detener el tiempo. El mero hecho de que el narrador masculino pueda, a discreción, incluir o excluir a nuestra narradora de la crónica de lo que ve en el hotel, subraya el fundamento arbitario del realismo. La novela de sexo y aventuras, así como el documental de crimen y misterio, son dos pilares más en el canon tradicional de la literatura comercial, y ambos están harto lejos del ideal de Campos, una creación no-mimética. Sin embargo, ambos obstruyen el campo de la visión, tanto natural como literaria. Las narradoras de Campos tienen que buscar una alternativa.

No obstante, la aversión de estas mujeres a ciertos paradigmas masculinos que podrían ser clasificados como clásicos y su completo rechazo de otros, ellas reconocen la mayor facilidad del narrador masculino al escribir. Como el mundo ha sido estructurado de acuerdo a interpretaciones masculinas, el hombre, lógicamente, no tiene sino que repetir patrones establecidos. La tradición es suya; aparentemente, suyo el mundo. La narradora, sin embargo, señala una diferencia entre ellos que también significa una limitación sobre la esfera de posibilidades masculina. A tono con el código del texto, esta diferencia se expresa en términos de ubicación, campos de visión y espacios.

El narrador está alojado en El Laberinto, una metáfora que apunta al paradigma de búsqueda y aniquilación —la quintaesencia de la historia de aventuras masculinas, completa con héroe, villano, suspenso, acción, sangre, arrojo y sexo. Aunque la mujer juega un papel importante en la historia, usualmente, su contribución queda desplazada a la de mediadora o premio. Campos pone al narrador dentro del laberinto, un híbrido de Teseo/Minotauro, atrapado en sus propias imágenes repetidas, en busca de una mujer que le muestre o la salida o la entrada —o ¿es que, en un mundo de imágenes laberínticas, el afuera y el adentro son sinónimos? El hombre debe explotar a las mujeres para poder moverse en alguna dirección, y esto hace en su imaginario misterio sexual.

La narradora se aloja en El Mirador, una palabra que significa tanto atalaya como espejo. La primera acepción corresponde al hotel, el balcón desde donde la mujer contempla el paisaje marino. La segunda se relaciona con la idea de Campos de que el artista encuentra imágenes de sí en el arte y en el mundo. La orientación de la mujer es pues, dual, simultáneamente hacia afuera y hacia adentro. Como síntesis de significados, el mirador es un punto privilegiado desde donde la mujer explora su propia imagen en el mundo, mientras se mira viéndose a sí misma en la naturaleza, en cuanto ésta es reflejo de ella misma —y nos encontramos muy cerca de la concepción de la escritura de Elizondo.[15]

Sería tentador el establecer un contraste entre la orientación

[15] Salvador Elizondo se ha expresado más concisamente sobre esta variedad de escritura que se comenta a sí misma en *El grafógrafo* (México: Editorial Joaquín Mortiz, 1972):

> Escribo. Escribo que escribo. Mentalmente me veo escribir que escribo y también puedo verme ver que escribo. Me recuerdo escribiendo ya y también viéndome que escribía. Y me veo recordando que me veo escribir y me recuerdo viéndome recordar que escribía y escribo viéndome escribir que recuerdo haberme visto escribir que me veía escribir que recordaba haberme visto escribir que escribía y que escribía que escribo que escribía. También puedo imaginarme escribiendo que ya había escrito que me imaginaba escribiendo que me veo escribir que escribo (p. 9).

aparentemente dirigida hacia el exterior de la mujer y el foco introspectivo del hombre dentro del laberinto. Mas ambas tienen aspectos duales que mezclan lo interior con lo exterior. Sería también incorrecto el asumir que el laberinto está cargado de significados mitológicos y literarios, mientras que el mirador es simplemente una orientación espacial. Este último connota el rol, tradicionalmente femenino, de la que espera, a la expectativa de que el hombre regrese al hogar, especialmente desde el mar, con sus cuentos de aventura. La historia de éste es el paradigma de la épica occidental, pero la espera de ella es parte esencial del paradigma. Campos no yuxtapone dos figuras aisladas, sino dos figuras que han sido, y tienen que ser, definidas en términos de una relación. Sin embargo, lo que ella revela en esta confrontación forzada es que el rol de la mujer ha sido o negligentemente descuidado, o deliberadamente silenciado, o simplemente abrumado por el cuentero y su egotismo. Su historia y su imagen han dominado el escenario en *Sabina*.

Campos insiste en la imagen de la escritora/lectora atrapada en las estrategias de lectura masculina. Ella mira el mundo y el arte como si lo viera a través de capas superpuestas de vidrios de catedral, con íconos masculinos y todo. Cuando el cristal se convierte en espejo, la imagen reflejada se distorsiona. La presencia del novelista masculino simboliza las limitaciones de la narradora. Pero como la ubicación espacial de este narrador es diferente, es lógico que él no puede tener exactamente el mismo campo de visión de la narradora. Es en estas zonas exclusivas donde la mujer debe poner su énfasis: "Es cierto que su ángulo de visión me abarca, pero que sólo llega hasta aquí y que no puede ver lo que ocurre más abajo, en la piscina, en la poza de mar, en los escalones que suben al peñasco. La visión desde el mirador, aquí donde estoy, es otra" (p. 35).

La diferencia entre las perspectivas femeninas y masculinas se convierte en tópico de discusión metaliteraria, y el cliché masculino se yergue para desacreditar la escritura hecha por mujeres: "El libro es difuso, difuminador, crepuscular, y sólo eso nos descubre su procedencia femenina. Sonámbulo, desvelo, éxtasis, efímero, fugacidad, misterio, alucinación: palabras claves, palabras que traicionan esa vaguedad, esa imprecisión que caracteriza a las mujeres cuando escriben" (p. 61). A poco de esto, se invoca al decano de los escritores latinoamericanos que condenan a un prominente modelo femenino, y una de las favoritas de Campos: "a Borges no le gusta Virgina Woolf" (p. 62). *Sabina* ha sido y no ha sido escrita de esta manera. Su falta tanto de caracterización sicológica como de atención a la trama, la diferencia de la ficción de Woolf. Mas, sin embargo, *Sabina* es difusa, efímera, vaga en el contenido —aunque concisa en el lenguaje— con alusiones misteriosas y palabras claves. Nada de esto, sin embargo, mina la intelectualización. Por lo tanto, *Sabina* toma distancia de, tanto como continúa, la imagen estereotipada de la escritura hecha por mujeres.

La narradora del texto, la voz que contiene todas las otras, se abre paso trabajosamente aún a pesar de todos los obstáculos. Sistemáticamente niega el discurso de la ficción, fragmentando la materia narrativa al cambiar constantemente de foco. De esta forma no permite que el repertorio de imágenes masculino se aglutine y cuaje. Es una tarea ardua porque no importa en qué línea de pensamiento se embarque, las figuras masculinas le cruzan el paso. Sin embargo, no bien recorrido un tercio del texto, una voz femenina declara un cambio cualitativo en el rol de la mujer:

> La novela que ella, yo, tú escribirías empieza por fin a desplazar a la otra, la que estaría escribiendo él [el narrador], en tanto que la ambigüedad de mi existencia como personaje oscilante entre una y otra ficción está, lo percibo claramente, a punto de desaparecer, en la medida en que yo misma decida ser la mujer que contempla obsesivamente el promontorio (p. 73).

Asume así una identidad como productora de su propia imagen, lo que a su vez despejará la ambigüedad que ella ha tenido que soportar como cautiva(da) de/por las narraciones masculinas. Esta podría ser la declaración de independencia feminista. Las escritoras feministas deben insistir en la validez de su diferencia.

Claramente, esta diferencia es una *différence* en el sentido de que el hombre no se elimina. El aparente conflicto binario, hombre-mujer, no debe leerse como un deseo de deshacerse del otro, sino como un esfuerzo para recordar al hombre que él es otro; esto es, ponerlo dentro de una esfera de mujeres, un punto entre muchos. Aún colocado bajo tachadura, como diría

Derrida, el logocentrista masculino sería un punto de referencia parcial, pero cesaría de ejercer la autoridad y la represión. Sin embargo, la mujer no puede constituirse a su vez en centro represivo a menos que privilegie el concepto mismo de logocentrismo. Este es el propósito del cambio constante de perspectivas —minar todos los centros exclusivos. La literatura de la libertad es dialógica en su multiplicidad de voces, mientras que la literatura de la represión es monológica. La *Sabina* de Campos lucha contra el canon de la literatura masculina insistiendo en la pluralidad de voces narrativas posibles, cada una singular, aunque cada una dentro del campo de la visión y de la imaginación de las otras. La oposición hombre-mujer es tanto un vínculo como una separación.

Campos demuestra la imposibilidad de aislar los dos polos de referencia al mezclar las imágenes [el laberinto y el mirador] asociadas a las voces narrativas prospectivas: "Si yo pudiera dibujarte la novela como un puro esquema formal, le correspondería el laberinto y sería un laberinto de feria, tapizado de espejos deformadores, de esos que alargan las figuras o las inflan desmesuradamente" (p. 56). Un laberinto de espejos combina las imágenes que los lectores tenderían a leer como mutuamente exclusivas. Esta imagen es la de una búsqueda de imágenes de sí que siempre produce parodias, versiones, ninguna de las cuales es la original, aunque todas refieren al mismo origen perdido. Desde el mirador la narradora ve un retículo laberíntico de senderos posibles a que entra, uno tras otro, en búsqueda de sí misma, senderos que nunca se exploran hasta el final. A fin de cuentas, su búsqueda es el texto, y el texto su imagen de sí, la única al alcance del lector(a). La otra imagen, la que la narradora salió a buscar, la de ella en la playa veintidós años antes, nunca se recupera. Su intento fracasa, como en Claude Mauriac, a quien Campos dictamina más moderno que Proust, pero, para el artista, el esfuerzo mismo es ineludible:

> Y sin embargo, cuando todo oscila, cuando hay un vértigo, una incertidumbre vaga, una angustia sin causa aparente, entonces 'no queda sino la literatura' y aunque 'basta una palabra para restablecer el silencio' el autor no puede evitarla, no puede negarse a decirla, no puede rechazar ese único camino que no va a llevarlo al paraíso, que no va a asegurarle ninguna salvación, pero que para él resulta inevitable, el

> único que conoce, el único que puede traerle alguna paz, la paz de un instante, una vislumbre, algún destello. Lo único a lo que puede aspirar.[16]

Asir el pasado es imposible; aún la novela como acto presente de la escritura termina. Campos, que sabe esto bien, en las últimas dos páginas, cambia el énfasis hacia el lector(a), el presente como el acto de la lectura. El texto sobrevive como imagen gracias a su habilidad para estimular la imaginación del lector(a) en una forma extendida de escritura. A la muerte que amenaza tanto al texto como a todos los narradores se opone la permanencia del texto como imagen:

> Yo aseguro que ella, tú, yo, no se ha movido del mirador ni se moverá mientras yo la recuerde y te haga creer que la recuerdas, mientras alguien, en alguna parte, formule una vez más, una por una, las palabras que en secuencia forman este libro empezando por 'No estoy aquí, estoy en otra playa...' y ese alguien, desde el rincón donde lee, empiece a ver, con los ojos de una mujer de cabellos rojizos llamada Sabina, el promontorio y el mar (pp. 178-179).

Siempre que el texto sea imaginado en el presente se abre la posibilidad de que el momento de epifanía al que se refiere Campos en la cita, ese momento de revelación y significado, pueda aun ser entrevisto.

¿Qué momento de paz, qué vislumbre de algo más allá del texto ofrece *Sabina* en respuesta al vértigo de este laberinto distorcionador de mujeres y dominado por los hombres? El primer y último momento de paz en la lectura es el título: *Tiene los cabellos rojizos y se llama Sabina.* Una vez dentro del texto no hay sosiego posible, ni divisiones de capítulo, ni siquiera párrafos. El título reaparece dos veces: una vez como a la mitad (p. 111), meramente flotando fuera de contexto, sin relación aparente a las oraciones que lo rodean; y otra vez cerca del final en una declaración directa y muy significativa:

> Sugiero que el único dato al que puede atenerse el lector, sin temor de ser engañado, el que constituye la única clave de este

[16] *La imagen en el espejo*, p. 88.

> libro y, en consecuencia, de la identidad de dicho personaje, aparece en la página 111 donde ya debe haberlo descubierto si dispone de cierta perspicacia, de la malicia atribuible a cualquier lector contemporáneo y de un conocimiento elemental de la lengua francesa: ella, la mujer que desde el mirador de Acapulco mira el mar, tiene los cabellos rojizos y se llama Sabina. Esa es, sería en definitiva la única certidumbre y todo lo demás un espejismo o una ensoñación (p. 177).

Y, como con casi todo en el texto, se trata de un juego de intertextualidad, y en este caso, una muy fructífera. La alusión es a un mismo tiempo evidente y oscura —evidente para los lectores de la literatura escrita por mujeres y oscura para los otros. El texto mismo no ofrece nada a modo de seguimiento; como en el caso de otras referencias y alusiones, ésta se le deja al lector para que la explore.

El título evoca a otra Sabina, la de Anaís Nin. El juego entre español y francés en el texto —el título y la última referencia aparecen en español, mientras que la referencia en la página 111 está en francés— nos recuerda que el francés era la lengua materna de Nin, aunque escribía en inglés. Sabina apareció por primera vez en un poema en prosa de Nin, *House of Incest,* y es una de las tres protagonistas de su pentalogía en prosa.[17] Sabina es descrita como una *woman's woman,* capaz de enfrentarse y desafiar a los hombres, especialmente a los artistas, de tú a tú, o ganárselos o asustarlos. Vive abiertamente, a la luz del día, lo que los otros personajes femeninos centrales en la obra de Nin sólo se atreven a soñar de noche. Ella es entusiasmo, acción, atractivo y peligro: "Vestida de rojo y plata, ella evocaba los sonidos y las imágenes de las bombas de incendio al precipitarse por las calles de Nueva York, causando alarma al corazón... La primera vez que la miró él presintió: ¡todo se quemará!"[18] En uno u otro momento, las otras dos protagonistas de la pentalogía, Lillian y Djuna, afirman que han querido ser Sabina,

[17] Las cinco novelas son: *Ladders of Fire; Children of the Albatross; The Four-Chambered Heart; A Spy in the House of Love; The Seduction of the Minotaur.* Todas fueron publicadas por la Swallow Press de Chicago, las primeras cuatro en 1959, y la última en 1961. *House of Incest* no fue considerada una novela, sino un poema en prosa; fue publicada por la misma editorial en 1958.

[18] Anaís Nin, *A Spy in the House of Love,* p. 7.

hacerle el amor. En *House of Incest,* la narradora anónima en primera persona dice: "Cuando te vi, Sabina, escogí mi cuerpo. Dejaré que me lleves a la fecundidad de la destrucción. Escogí un cuerpo, entonces una cara, una voz. Me convierto en tí. Y tú te conviertes en mí" (p. 27). Sabina es todas las protagonistas de Nin desencadenadas, en libertad.

No obstante, Nin prefería a Djuna en vez de a Sabina, y a Lillian por encima de estas dos. Si bien Djuna y Lillian eran artistas, una de la danza y la otra de la música, el talento de Sabina sólo estribaba en su habla creativa —era una mentirosa irreprimible. Nin, muy comprometida con el arte, parece preferir a la artista disciplinada por encima de la inventora espontánea de fantasías. Por otra parte, Nin era una apóstol ferviente de la aproximación sicológica, aun sicoanalítica, a la escritura. Como Sarraute, creía en el uso del autoanálisis como inspiración. A menudo se refería a sus diarios como la fuente de su ficción. Su objetivo era la autenticidad sicológica a través de la introspección sincera y el análisis de memorias y sueños. Lillian y Djuna están más cerca de este propósito que Sabina, que está demasiado ocupada inventando su imagen para que le sobre tiempo de autoreflexionar. Nin insistía en que, de las tres, Lillian "es la única que al final alcanza la fusión y el equilibrio".[19] Lillian hace esto enfrentándose a "su yo secreto". Nin opina que Lillian "era la única que podía recibir los elocuentes mensajes de la naturaleza directamente. Por medio de los sentidos (a los cuales temía abandonarse sensualmente) era capaz de hacerse una con/descubrirse en la naturaleza (su naturaleza) *gracias a los discernimientos del Doctor*. Había cesado de defenderse de su propia naturaleza *en México*" (p. 69, énfasis mío).

Nin, sin embargo, permanece ciega a su propio acto de privilegiar al logocentrista masculino. Nótese que no es sino gracias al Doctor —un hombre que literalmente ve a través de Lillian— que la mujer entra en contacto con su propia naturaleza. Nin nos dice que Lillian recibe mensajes directamente de la naturaleza —como si esto fuera posible sin que el lenguaje y la cultura interfirieran— entonces añade que esto es posible sólo gracias a la mediación de un hombre, un practicante del sicoanálisis de coctel en el escenario de un hotel de veraneo en la

[19] Anaís Nin, *The Novel of the Future* (New York: MacMillan Co., 1968), p. 68.

costa mexicana. Lillian, durante su estadía en un escenario muy parecido al de *Sabina,* descubre que a este hombre el observarla lo estimula, y gracias a la muerte de éste, llega a aceptar la lectura que él había hecho de ella. La muerte del hombre, su desaparición de la esfera de actividades de Lillian, representa para ésta una crisis que la obliga a buscar refugio en la perspectiva del hombre muerto. Esto representa una capitulación ante el logocentrista masculino.

Lillian y Djuna, desde el principio, mostraban tendencias a respetar al logocentrista masculino, entregándose a los hombres hasta la servidumbre. El tipo de servicio de Lillian es el de hacerles de madre a estos hombres, que entonces la explotan, como el niño malcriado y egocéntrico domina a la madre tolerante. Ella busca un compañero, pero siempre fracasó en sus relaciones. Aún en *The Seduction of the Minotaur,* donde Nin arguye que Lillian encuentra su plenitud, la protagonista acaba sola, reflexionando sobre su vida sicoanalíticamente.

Sabina, por el contrario, reta a las figuras masculinas directamente. "Sabina", explica Nin "es un drama diferente. Ella no quiere caer presa de la dominación del hombre (como su madre se sometió a su padre). Quiere alcanzar la libertad sexual del hombre (como hizo su padre). Vio a su madre atrapada en la devoción y el dolor, y decidió evitar toda semejanza con su madre, lo que en su concepción infantil quería decir ser como su padre. Su dicotomía era que ella se sentía a sí misma o ser la esclava o la esclavizadora, la seducida o la seductora. No soportaba el ser la esposa. Vivía para la seducción".[20] Sabina es una feminista extremadamente militante, quizás desequilibrada, pero en realidad no menos desequilibrada que Lillian, que tampoco puede ser otra cosa que una madre.

Lo que Nin parece rechazar, o al menos evitar, es la posibilidad de síntesis, la androginia. Nin, víctima ella misma de las dicotomías masculinas del sicoanálisis (lo que le atribuye a Sabina) describe a sus personajes como si tuvieran personalidades monolíticas. Aunque reconoce que las mujeres poseen múltiples posibilidades —"Yo diría que todas las mujeres tienen en sí mismas, en potencia, a Djunas (la reflexión), a Sabinas (las equivalentes de Don Juan) y a Lillians (la acción ciega)"[21]—

[20] *Ibid.,* pp. 69-70.
[21] *Ibid.,* p. 68.

todos los personajes de Nin son singulares, y por lo tanto representan sólo un fragmento de la mujer total de que ella habla. Sabina representa para los otros dos personajes el lado "masculino" (son palabras de Nin), que les falta. Sin embargo, ellas no se permiten llegar al punto de hacer el amor con Sabina. Quizás, aunque Nin también parece estar ciega a esto, de hecho, lo que al final logra Lillian es una síntesis —por medio de la reflexión (la característica de Djuna) y de la seducción poco maternal de un joven artista (la característica de Sabina), y de la muerte del Doctor (la desaparición del padre-sicoanalista), se deja a Lillian en libertad para poder llegar a ser un ser total. El título mismo, *The Seduction of the Minotaur,* es la síntesis misma de Djuna y Sabina, con Lillian como protagonista. Sin embargo, el texto mismo está escrito en el estilo, dominado por el hombre, de la prosa sicológica. La novela no marca ruptura de liberación alguna con respecto del logocentrista masculino que implica. La misma Nin no va más allá de sus limitaciones iniciales.

Campos ejerce sobre Nin lo que Harold Bloom llama un acto de *Tessera,* una "consumación y antítesis".[22] Le rinde un tributo de reconocimiento sincero a Nin,[23] a la vez que le corrige el enfoque, y en última instancia, logra lo que Nin no logró: la fusión de los tres tipos femeninos de Nin en la única, aunque múltiple voz de texto. El indicio de la síntesis es el pelo rojo. Sabina tenía el pelo ora negro, ora rubio. El de Lillian era rojo. A través de la metonimia del pelo, Lillian y Sabina se funden. Nin misma había usado el pelo para vincular a los dos personajes en *The Seduction of the Minotaur* (p. 126); y antes, en *House of Incest* (p. 28), había hecho lo mismo con Sabina y la narra-

[22] Harold Bloom, *The Anxiety of Influence, A Theory of Poetry* (London: Oxford University Press, 1973), p. 14: "Un poeta, antitéticamente, 'completa' a su precursor, leyendo el poema-matriz de tal forma que conservando sus términos los hace significar de otra forma, como si el precursor hubiera fracasado al no haberlos llevado suficientemente lejos". La relación de Campos con Nathalie Sarraute y Virginia Woolf también puede ser leída como una forma de *Tessera.*

[23] En conversación con Julieta Campos en 1980, ella habló de su admiración por Nin. Cuando le mencioné que estaba preparando una lectura intertextual de *Sabina* y la obra de Nin, recordó ella un incidente de su infancia en Cuba. El padre de Nin al ver a la joven Julieta notó el parecido de ésta con su hija Anaís. Debería hacerse un trabajo mucho más detallado que comparara los cuentos y las novelas anteriores a *Sabina* con la obra de Nin.

dora anónima. A la síntesis de Lillian y Sabina podemos añadir a Djuna en la medida en que el texto de Campos es sumamente reflexivo, la característica que le asigna Nin a Djuna. Así, Campos le permite a los personajes de Nin el llegar a ser una sola, física y mentalmente, trascendiendo de esta forma las inhibiciones de Nin.

Prueba adicional de *Tessera* es que el texto adopta el estilo retórico de Sabina. El texto de *Sabina,* que continuamente cambia de rumbo, que es ambiguo, que no es digno de confianza, que alude y que frecuentemente toma prestado —tan diferente de los textos líricamente sicológicos, pero esencialmente lógicos, de Nin— ya había sido anticipado en la descripción que hace Nin del modo de hablar de Sabina:

> Las caras y las figuras de sus personajes aparecían sólo dibujados a medias, y cuando uno comenzaba a percibirlos eran reemplazados por otra cara y otra figura, como en un sueño, y cuando uno pensaba que estaba mirando a una mujer, era un hombre...entonces resultaba ser una chica...que entonces se metamorfoseaba en todo un grupo de gente...Sabina aparecía como la mujer con cabello dorado, y después como la mujer de pelo negro, y era igualmente imposible el mantener una imagen consistente de a quién había amado, traicionado, escapado, vivido, casado, mentido, olvidado, abandonado,... y entonces cogía una esponja gigante y lo borraba todo, para comenzar en otro lugar. (*Ladders of Fire,* p. 110)

Las ficciones de Sabina evitan el que pueda ser precisada o estereotipada por otros. Esta forma de hablar también evita que se le fije como un objeto susceptible de seducción, mientras que al mismo tiempo la hace fascinadora, esto es, la seductora. Su retórica es tanto un arma contra la dominación masculina, como una actividad creadora.

En *House of Incest,* el estilo de Sabina queda justificado, no como mentiras, sino como una fantasía creadora que tiene como propósito el destruir la realidad —entendida como el mundo de acuerdo a la perspectiva masculina. La narradora se le une en la creación de ficciones. Entonces, Nin reclama, desde una perspectiva feminista, el mito logocéntrico masculino: "Pero detrás de nuestras mentiras yo voy soltando el hilo dorado de Ariadne —porque el mayor de todos los regocijos es el poder desandar las propias mentiras, volver a la fuente y dormir, una noche al año, limpia de toda superestructura'' (p. 26). (Nótese cómo en el primer libro de la serie, Nin atribuye implícitamente una apreciación de autenticidad al proceso del mentir. Rastreando mentiras se llega a la verdadera identidad. Además, las imágenes son la de múltiples mentiras —espejos— y la del laberinto, las imágenes que reaparecen en el texto de Campos.) Nin entiende este rastreo en su acepción sicoanalítica, pero los lectores de Campos, que siguen el hilo escurridizo de la intertextualidad, no vuelven a Freud, sino a la dinámica creación de sí misma que Sabina alcanza mediante sus palabras, sus ficciones y la libertad sexual. Mientras que el foco de Nin se vuelve hacia la referencia extraliteraria, el de Campos permanece literario. Otra diferencia— Nin cree que en algún lugar hay una imagen original, un origen único; Campos asume que cada imagen es una referencia intertextual a otra imagen. A través de *Sabina,* Campos corrige este prejuicio tradicional por parte de Nin.

Campos ha escrito su novela a la Sabina. Su novela antimasculina se rehusa a permitir el uso de estrategias de lectura desarrolladas a través de textos masculinos, al mismo tiempo que también evita el estilo lírico que los críticos hombres usualmente asocian con las escritoras mujeres. Campos alcanza una síntesis, una estructuración poética de la reflexión intelectual. Al mismo tiempo, mientras le rinde un sincero tributo a Anaís Nin —en una ocasión hasta cita el título del libro de ensayos de ésta sobre la novela, *The Novel of the Future* (*Sabina,* p. 79)— Campos le aplica la *Tessera* correctiva. Su ajuste es feminista en que desplaza el énfasis hacia el personaje que menos se somete a los hombres y que más atrae a otras mujeres. Se trata, literalmente, de una puesta al día, en el sentido de que se aleja de la tradicional creencia de Nin en un origen absoluto de la personalidad y del texto, mientras que *Sabina* refleja el parecer contemporáneo sobre la imposibilidad de encontrar un origen único a cualquier cosa, especialmente a un texto. A través de *Tessera* Campos afianza sus raíces en la escritura de Nin, mientras declara la suya una forma más radical de la expresión feminista. Al mismo tiempo, ella mezcla la presencia de Nin con la de otras influencias, entre las que se cuentan Virginia Woolf y Nathalie Sarraute. En el generalizado espejo intertextual, la imagen de Campos se refleja, se crea. La imagen es la de una innovadora profundamente consciente de su contexto dentro de la literatura, resuelta a seleccionar e imponer a la literatura su propia apreciación de la tradición de la mujer.

Empero...y empero, como Campos ha afirmado, la imagen personal del escritor(a) se esfuma a medida que la obra asume su autonomía. La imagen del autor(a) no llega a ser sino una traza de moho más en la superficie especular de la literatura. Aceptando la inevitabilidad de abandonar el momento presente de la producción, ella cifra su esperanza en el momento presente de la lectura. Como ya hemos mostrado, el lector revitalizará el proyecto de Campos, al mantener la imagen de los múltiples y anónimos sujetos/objetos. Ella alberga la esperanza de que el texto —mediante la utilización de un estilo polivalente, escurridizo y proteico— enseñará al lector una estrategia de lectura acorde con la naturaleza del texto. Por esto, la presencia del lector(a) emerge ya cuando el texto se acerca al final —y el nombre de ese lector(a) ideal es Sabina, el signo polivalente capaz de representar a todos los lectore(a)s, reales o imaginados. En esta disposición esperanzada de fe en los lectores, y con la seguridad del éxito de su proyecto, al aparecer Sabina-la-lector(a), Campos puede cerrar su texto en la siguiente nota optimista y llena de humor: "Me advierten que es indispensable, por lo menos, una apariencia de término, la ficción de un punto final. Y lo pongo. Pero éste no es el fin, sino el principio" (p. 179). Señalar que estos son clichés literarios sobre convenciones literarias sería caer en las convenciones trilladas de la crítica —y el reconocer la inevitable caída en el laberinto de la descentrada intertextualidad es leer el texto, y a nosotros mismos, a través de los ojos de un personaje llamado Sabina que a las cuatro de la tarde, desde un mirador de Acapulco, mira el mar...

"EN BREVE CARCEL": LA DIANA, LA VIOLENCIA Y LA MUJER QUE ESCRIBE*

Oscar Montero

En breve cárcel es el relato de un triángulo amoroso. Durante la espera de una mujer que no viene a una cita, otra mujer escribe en un cuarto que había sido de una tercera mujer. En diferentes momentos la tercera mujer ha sido amante de la mujer que escribe y de la que ésta espera; a las dos rechazó sucesivamente y las dos rechazadas acaban por hacerse amantes. "Es como un interminable juego de la oca" escribe la mujer.[1] La mujer que no viene a la cita se llama Renata; Vera, la que una vez vivió en el cuarto ocupado por la mujer que escribe, a quien nunca se nombra. A la escritora le cuesta trabajo nombrar a las otras dos; inventa nombres, prueba iniciales: "Se pregunta por qué disimula nombres literalmente insignificantes cuando pretende transcribir, con saña, una realidad vivida" (19). De esa frase quiero sacar tres palabras y hacer un paradigma: transcribir/saña/realidad vivida. Desde su comienzo con la escritura de una mujer que espera, en el texto se leen dos discursos en pugna, uno que se refiere a "una realidad vivida" y otro al proceso de transcripción inscrito a través del relato como una ordalía del sujeto. Entre la transcripción y la "realidad vivida", el corte violento, "saña", furor, locura, marca el comienzo de la escritura; de no comenzar la mujer se haría daño, se destruiría. Al balcón de su cuarto "cuando se siente desamparada" la mujer

* Este texto apareció en *Revista de la Universidad de México*, Nueva Epoca, vol. XXXVIII, No. 21, enero de 1983, pp. 41-43.

[1] Sylvia Molloy, *En breve cárcel* (Barcelona: Seix Barral, 1981), p. 50. De aquí en adelante cito entre paréntesis el número de página correspondiente a esta edición.

"añade" una soga, "—tanto para el balcón, tanto para mi cuello—" (18). La unidad de la tercera persona, la mujer que escribe, se quiebra y por ahí se señala la presencia en el texto de un sujeto que se escribe, que se confunde con "la mujer" y que también es otra. La primera persona reaparece una vez más en un *yo* parentético que rompe el despliegue de la tercera persona: "Mientras ella pasea la mirada por esa mesa, recordando —tal plato donde una vez hubo un torta que le gustaba, tal copa igual a la que yo una vez rompí—, suena el teléfono" (77). Se refiere a un sueño durante el cual vuelve a la casa donde vive su madre, suena el teléfono y le sale la voz del padre muerto que le aconseja que vaya a Efeso a ver a Artemisa. La presencia fugaz de la primera persona sugiere descuido, capricho, impaciencia, sorna, abandono: cualidades que separan en este momento del texto a quien dice *yo* de la mujer con cuya persona (gramatical) se identifica en el resto del relato. Quiero fijarme en esa "falla" en el texto y ver su relación al padre, a su consejo sobre Artemisa/Diana, y al paradigma que utilizo para orientar esta lectura: transcribir/saña/realidad vivida.

Abandonada por Renata, cuyo cuerpo desea; manipulada por Vera, fabricadora de relatos que la excluyen, la mujer escribe con furia: "Escribe en contra de sí, con dedos que parecen de plomo" (76). En los momentos difíciles escribe de la infancia, no con nostalgia sino más bien tratando de situar los recuerdos en la historia que escribe. Lejos de confortarla siente que al tratar de reconstruir de los recuerdos la figura del padre muerto, "ha abierto a su vez un hueco amenazador dentro del relato. No una apertura que le permita salir de este cuarto sino una grieta por donde se insinuarán —ya se están insinuando— restos que la agobian" (75). Coincide la presencia de la figura del padre, a quien vuelve como a una "condena", con el distanciamiento de las otras dos mujeres, Vera y Renata, a quienes no llama por teléfono para distraerse.

En el "sueño curioso" del fin de la "Primera parte" la voz del padre le indica que vaya a Efeso donde se encuentra el Coloso de Artemisa, la diosa primitiva de la fertilidad.[2] Pero la mujer que escribe prefiere "otra Artemisa, otra Diana, la cazadora suelta,

[2] En el sueño el padre dice la palabra "Egeo" antes de decir "Efeso". "Egeo" recuerda el título del poema "Eheu!" de *El canto errante* de Darío cuyos versos tienen un eco en el relato:

no inmovilizada por un pectoral fecundo," (78). La figura de la Artemisa de Efeso es fija y monstruosa; otorga la fecundidad de sus múltiples pechos. La Diana que la mujer prefiere es "virgen y esquiva", de pechos "pequeños y firmes". El mandato del padre la hace enfrentarse al concepto de fecundidad. Recuerda el nacimiento de la hermana y los pechos de la madre que para complacerla le deja probar la leche de la recién nacida, lo cual hace "con bastante recelo". Recuerda que una vez la madre engordó y ella se equivocó al pensar que estaba encinta: "Su madre bajó de peso, al final del verano, y no nació nadie" (79). Seguir el consejo del padre significa situar la "fecundidad" en su labor. Tanteando el camino, describe una fecundidad en tono menor, el parto de su gata que rechaza el primer crío para luego hacerlo "el preferido de la cría" (79). Acaba por concluir que "al caer en estas monotonías biológicas inicia un camino en falso. Tendrá que cumplir el viaje a Efeso según otros rumbos, no sólo los que le indican estos recuerdos" (79). La mujer no quiere desdeñar el consejo del padre de ir a Efeso donde el coloso monstruoso y maternal, pero tampoco le atrae la Artemisa fija y fecunda. Sin embargo, el desequilibrio que siente al final de la "Primera parte" garantiza la continuidad de su labor.

La figura de Diana reaparece al final del relato. Entretanto, la mujer ha bregado con Vera, con el poder de sus anécdotas seductoras; finalmente la ha visto alejarse, ya canosa, en una salida más bien tierna no agresiva como su entrada. Con cierto cariño y simpatía ha puesto a Vera en su lugar; con Vera se aleja del relato una de las violencias que la mujer ha querido fijar. También Renata ha vuelto pero no es la misma. Lo que la mujer desea, como Diana de Endymion, es el cuerpo dormido de la amada, para decirle lo que no puede decirle despierta: "Renata, necesito tocar tus hombros, recorrer tus huesos hasta dar lentamente en los dos hendimientos donde comienza tu cuello" (157). Pero la Renata despierta introduce en su relación con la mujer "esta nueva retórica de los dones" (138); introduce

---

El conocerme a mí mismo
ya me va costando
muchos momentos de abismo
y el cómo y el cuando...

Poesía (Caracas: Ayacucho, 1977), p. 336.

un discurso que no se desecha pero que pertenece a lo teatral amoroso, que "era un rito" como las conversaciones de sus padres durante la cena. El cambio que ha sufrido la mujer mientras escribe se manifiesta como una enfermedad de la que se cura, durante la cual reconoce su cuerpo, aprende a cuidarlo; la escritura la devuelve al cuerpo, o más bien le devuelve su cuerpo y "agradece la letra ondulante que la enlaza, reconoce las cicatrices de un cuerpo que acaricia" (67). La escritura se distancia de la violencia de su arranque y busca duplicar una sensualidad sin personajes, sin teatro. Con la mano, que una vez pudo hacerle daño, la mujer se da de comer, supera la neurosis infantil y se adapta a "la incorporación de lo extraño", se acaricia. Escribe, "La mano —después de esta acumulación de tachaduras— se siente menos incierta" (139). Al final vuelve a escribir sobre las dos Dianas, las dos figuras contradictorias, la del consejo del padre y la que ella desea.

En un comienzo, en las dos versiones de Diana la mujer reconoce un impase que le hace difícil continuar; señala una contradicción entre la Artemisa maternal y monstruosa sugerida por el padre y su atracción por la Diana virgen, bella y violenta. Al final la mujer trata de orientarse por un camino ambiguo entre las dos versiones de Diana. Lo que la reconcilia con el consejo del padre y con su propio deseo es reconocer en el mito antiguo una versión de su propio destino. El nombre de Diana recoge "múltiples versiones" de innumerables relatos cuyo punto común no sería otro que la tensión entre la violencia y la fecundidad. En ese proceso en el cual un nombre recoge múltiples discursos la mujer reconoce el modelo de la escritura que ella misma practica. Con la diferencia de que ella rechaza el nombre propio que fija una identidad y que pone todo discurso al servicio de un individualismo seductor, como lo hace Vera. Sin embargo, se reconoce en todo lo que escribe: "Se ha escrito, a lo largo de este relato, sin nombrarse; se ha fabricado, producto de un adulterio entre ella y sus palabras," (150).

En el conflicto entre el deseo del padre y el de la mujer se lee la búsqueda de un modelo adecuado para la producción de la escritura. La mujer rechaza o modifica el concepto de fecundidad y se reconoce en la violencia de la Diana. El relato arranca de una violencia, "saña", que separa la transcripción de "una realidad vivida" y es precisamente a través de dicha transcripción, la labor de la escritura, que la mujer transformaría la "violencia solitaria" en "una forma de fecundidad" (153). No puede desatender el consejo del padre pero lo altera. Quiere conservar su memoria pero reconoce que es poco fructífera la nostalgia como motor de la escritura y por eso se las arregla con fragmentos de la imagen del padre muerto, fragmentos que atesora y de los cuales a la vez se despoja para poder continuar. Rechaza con la fecundidad un modelo de la escritura en el cual el escritor se apodera metafóricamente del don femenino y da a luz a su obra en la lógica de un lenguaje al cual la mujer no tiene acceso.[3] *En breve cárcel* busca otro modelo donde figure la "violencia solitaria" de la mujer que recuerda, ama, escribe y tacha pero que también garantice una lectura. Igual que la Diana, obligada al movimiento continuo por el "don dudoso" del padre que le ofrece no una sino treinta ciudades, la mujer acaba por situarse "en un tránsito sin reposo" (152). A la fijeza de Artemisa opone la movilidad de Diana para afirmar el recorrer continuo que implica la labor de escritora a la cual se entrega.

La violencia, el corte entre transcripción y "realidad vivida", atraviesa el relato desde su origen. Del balcón del cuarto donde escribe la mujer imagina que cuelga una soga; se sueña ahorcada. La soga y la muerte que imagina mantienen su relación a Diana/Artemisa a través del relato. Dice Frazer que los devotos griegos de la diosa anualmente ahorcaban su efigie y cita otra leyenda en la cual una mujer se ahorca en el templo de Efeso.[4] La escritura respondería a la violencia: "escribe con exaltación y con clemencia, para no hacerse mal" (69). No es la afirmación de un sujeto seductor, individual, lo que busca la escritura sino la transformación de numerosas violencias en un orden legible. Afirma, "Estas líneas no componen, y nunca

[3] En *Onetti: los procesos de construcción del relato* (Buenos Aires: Editorial Sudamericana, 1977), Josefina Ludmer escribe, "una de las bases de la ideología de la escritura de Onetti: el mito de la 'creación' según un modelo femenino, con embarazo y parto en el hombre, el escritor", p. 33.

[4] Frazer escribe, "In Greece the great goddess Artemis herself appears to have been annually hanged in effigy in her sacred grove of Condylea among the Arcadian hills, and there accordingly she went by the name of the Hanged One. Indeed a trace of a similar rite may perhaps be detected even at Ephesus, the most famous of her sanctuaries, in the legend of a woman who hanged herself and was thereupon dressed by the compassionate goddess in her own divine garb and called by the name of Hecate". *The Golden Bough: A Study in Magic and Religion* (New York: [1922] MacMillan, 1963), p. 413.

quisieron componer, una autobiografía: componen —querrían componer— una serie de violencias salteadas, que le tocaron a ella, que también han tocado a otros" (68). Entre las múltiples violencias del relato recuerda la suya propia al excluir a Renata de una conversación, la de Vera al excluirla a ella de sus anécdotas y la violencia de la muerte del padre y de la tía Sara en un accidente. En el cajón los cadáveres parecen "enteros" pero al acercarse al del padre no le encuentra la mano, tal vez le falte (111). A partir de ese momento sueña con la mano. En el sueño, para esconderla de la madre trata de comérsela. Sobre la mano perdida del padre giran las otras menciones de manos en el texto, manos que protegen, que pueden hacer daño, que recorren cuerpos, que escriben: "estas manos con las que ya no puedo acariciar y que hoy tienen que escribir para protegerla... Refugio de sus manos, a pesar de que las ve una vez más rotas y lastimadas cuando escribe" (110). El padre, cuya mano se pierde, le manda en un sueño que vaya a Efeso y con sus propias manos la mujer se protege y busca otra trayectoria a Efeso, busca una escritura que se nutra de una violencia pero que no le haga daño, que se lea como "una forma de fecundidad".

Sin desatender el consejo del padre muerto la mujer lo transforma en lo que escribe. El padre la manda hacia una fecundidad femenina que ella debe alterar, rechazando así la paternidad/maternidad como emblema de "la creación" literaria.[5] Las relaciones de parentesco sirven de figuras en el relato de la producción del texto. Por ejemplo, en la hermana Clara la mujer reconoce el cuerpo de la otra por primera vez, lo cual marca el comienzo de una trayectoria que en su propia labor le devolverá su propio cuerpo, centrado en la sinécdoque de las manos. Pero no acepta la paternidad/maternidad como emblema tutelar de la producción de la escritura. Dicho emblema lo es más bien la figura y la labor de la tía Sara que como su homónimo bíblico tampoco es fecunda en un sentido literal. En cambio, es fecunda en palabras. De la tía, "siempre en papel aparentemente subalterno" al de su hermana casada, escribe la mujer, "la poca imaginación que tiene, la necesidad de contar, se las debe a ella" (35). Marginal al centro del poder familiar, el padre y la madre, la tía se define en el amor por las

[5] En *Onetti,* la caída de la maternidad es llenada por la paternidad simbólica," Ludmer, p. 31.

dos sobrinas, en su labor y en sus palabras. Cuando cose y no le alcanza la tela, usa la expresión: "jugar a la gata parida" (35). Se refiere a un juego infantil en el cual una fila de chicos se empujan hasta dejar a uno, "el parido", fuera del límite marcado. La tía usa el juego para describir la hechura de una pieza de ropa con una cantidad de tela que casi no alcanza. En el uso metafórico que hace Sara del juego infantil para referirse a su labor de costura, "cuando se empeñaba en ubicar de modo absoluto todas sus proyecciones en un rectángulo de género", no hay expulsión del "parido", sino que termina el juego "en la no salida del parido, en una contención satisfactoria" (35); es decir, alcanza el género y termina de coser la pieza. La metáfora de la tía Sara, "jugar a la gata parida", anuncia la escena del parto de la gata de la mujer, la fecundidad en tono menor; su metáfora es también metonimia pues garantiza la continuidad del discurso y afirma su papel de productora de cuentos. Curiosamente en una versión pre-bíblica el nombre de Sara se asocia al culto de la luna.[6] La tía Sara es otra versión de la Diana y a ella traza la mujer uno de los orígenes de su labor de escritora.

Al final no domina ni una ni otra figura de la Diana, la fecunda y la violenta. La mujer reconoce que su propia imagen no depende de la una o de la otra sino de las palabras, que pueden ser como las dos Dianas, "pesadas como la matrona de Efeso, huidizas como la cazadora", (150). La mujer busca "una conjunción buena"; la frase evoca la "contención satisfactoria" de la labor de costura de la tía, la que le enseñó "palabras viejas, quizás desusadas, que sólo contaban cuando las decía ella" (35). No es la paternidad/maternidad el emblema de una "creación" literaria dictada por la figura paternal autoritaria; es la labor con la tela, dichosamente "el género" en Argentina, la figura de la producción del texto. Es la relación con las palabras, aprendida de la tía costurera, finalmente la figura tutelar, la que

[6] "It is noteworthy that in the Terahite genealogy the two female names Sarah (princess) and Milcah ('queen') correspond to two deities in the pantheon of Harran; Sarratu being the title of the moon goddess, the consort of Sin." En *Dictionary of the Bible* (N.Y.: Scribner's 1963), p. 887.

En G.W. Anderson, "The Religion of Israel", *Peake's Commentary on the Bible* (London: Thomas Nelson, 1962), p. 161, dice: "it has often been claimed that some at least of the patriarchs were originally divine figures. The names Terah, Laban, Sarah, and Milcah may be associated with moon worship" [130d].

garantiza la escritura no como creación sino como labor en el "lugar provisorio" donde se arma un sujeto que usa la tercera persona y a quien se le escapa un *yo*. Pero ni la una ni la otra persona contiene al sujeto, ni hay nombre que la fije. Al entregarse a la escritura se difiere todo individualismo para afirmar la supremacía de una labor cuyo anhelo sería la lectura del otro.

En breve cárcel termina en un aeropuerto donde la mujer, aferrada a lo que ha escrito, implacablemente lúcida, espera la partida de un avión. Se ha despedido de Renata, a quien no verá más, como no verá a las otras mujeres, su hermana Clara, la de los juegos infantiles, Vera, la dueña de otro relato, y su madre, nombrada una vez, Isabel. Llevándose lo que ha escrito, la mujer "ha decidido armarse para el ejercicio" (158). En la imagen final de la mujer en el aeropuerto perdura la imagen del cuarto donde ha escrito y donde siempre debe escribir otra. Al final la mujer se prepara para continuar la escritura. Lo que ha hecho, la violencia que ha sufrido al transcribir recuerdos, al fabricar un orden legible del teatro amoroso, de los sueños, de la "realidad vivida", lo que le devuelve en fin de cuentas es su propio cuerpo y la hace manipular un lastre que ya no la detiene sino que la impulsa tal vez hacia una labor futura, temida pero también llena de posibilidades.

Ha sido marca de nuestra modernidad narrativa el cruce en el relato de lo que se cuenta con la marca del contar. En ese cruce se define la fuga de un sujeto huidizo, "en un tránsito sin reposo" (152). En la novela de Molloy se adopta ese modelo de la producción sin desdén resentido, sin apropiación aparatosa en un gesto seguro donde se marca a la vez la intimidad y la distancia. Dejo abierto a una discusión futura las implicaciones de algo que el texto sugiere: la posibilidad de un modelo de la escritura basado no en el feminismo sino en lo femenino.

LA PASION Y LA MARGINALIDAD EN (DE) LA ESCRITURA: ROSARIO FERRE

Ronald Méndez-Clark

> "En una revaluación moderna de la literatura, es necesario reconocer que el escritor femenino no existe: la voz femenina, el estilo femenino, tradicionalmente identificado a lo intuitivo, a lo sensible, a lo delicado, a lo sutil, no es sino un mito más creado por los hombres. Si a algo habría que llamar femenino sería a la voz de esos terribles escritos de mujeres que, como negativos de nuestra propia voz, colocamos sobre nuestros recuerdos..." ("Las bondades de la ira", *Sitio a Eros*)

Al examinar los cuentos y los poemas de Rosario Ferré convendría tomar en cuenta ("abrir") esa suerte de "caja de Pandora" que es *Sitio a Eros.*[1] Y no sólo por que se elaboren y eluciden en éstos buena parte de las observaciones respecto a la condición de la mujer que hace Ferré en la colección de ensayos. *Sitio a Eros* marca también un punto de partida valioso para el estudio de la escritura en *Papeles de Pandora*[2] y *Fábulas de la garza desangrada.*[3] En lo que sigue, quisiera examinar dos cosas en particular: por un lado, el proceso de enunciación y elaboración textual que genera el asedio de la condición de la mujer en *Papeles* y *Fábulas;* por otro, la relación entre ese proceso de enunciación y elaboración textual y las observaciones de Ferré

1 *Sitio a Eros* (México: Joaquín Mortiz, 1980).

2 *Papeles de Pandora* (México: Joaquín Mortiz, 1976).

3 *Fábulas de la garza desangrada* (México: Joaquín Mortiz, 1982).

respecto a la creatividad de la mujer y la creación feminista en *Sitio a Eros*.[4]

I

La frecuencia con que reiteran otros discursos los cuentos y

[4] En su reseña de *Sitio a Eros*, "(C)er(c)os a Eros" (*En Rojo*, suplemento de *Claridad*, 27 de febrero al 5 de marzo de 1981), Efraín Barradas señala la posibilidad de leer la colección de ensayos en términos análogos a los que se proponen aquí, es decir, ver *Sitio a Eros* no sólo "como una especie de autobiografía intelectual" sino también como el "co-texto de la narrativa y la poesía de Ferré", como el texto que "nos presenta la estética que apoya la creación artística en Ferré". En la reseña, sin embargo, más interesado en la "ideología" que en la "estética" de Ferré, Barradas se limita a especular en torno al carácter "impresionista" del libro ("En general, todo en *Sitio a Eros* es destelleo momentáneo, epifanía súbita, tentación intelectual que el lector debe satisfacer con más lecturas fuera del texto... No creo errar cuando postulo que Ferré tuvo en mente como lector ideal... a una arquetípica joven puertorriqueña, ignorante de su herencia feminista, que descubrirá a través de esta lectura el pasado glorioso que sustenta sus ansias de liberación...") y a hacer observaciones respecto a las "interpretaciones ideológicas *peligrosísimas*" que "esconden" las formulaciones de Ferré sobre la naturaleza definitoria de la mujer. Resumo: (a) el "apego" de Ferré a las "viejas y envejecidas ideas de (Anais) Nin" —sobre todo el que afirme como ésta que "el carácter esencial de la mujer es pasional"— es *"alarmante"*; (b) de este "apego" se desprende "el *error* ideológico mayor del libro"; (c) al basar sus "ideas feministas" en las de "una artista poco respetada hoy por sus planteamientos superados y sus *mediocres* logros estéticos", Ferré cae en esa "peligrosa trampa" que es "tomar lo que el opresor considera lo caricaturescamente característico de la mujer —la pasión— y adoptarlo violentamente como estandarte de autodefinición que sirve a la vez de reto y ataque al sistema opresor"; (d) esta "posición" supone dos riesgos: "permanecer en la caricatura deformante" e "introducir un nuevo elemento opresor, en este caso interno"; (e) el "racionalismo" de Ferré termina contradiciendo los "postulados *falsos* de pasión" de Nin de suerte que la colección de ensayos es, en última instancia, "una negación de las ideas que su autora toma de Nin"; (f) de ahí que convenga preguntarse si será por "mal gusto literario" o por deseos de retar el "buen gusto ideológico del *lector enterado*" que Ferré, una "lectora tan atenta a todo lo que pasa más allá de nuestras costas", coloca como epígrafe del libro una cita de "la *populachera* Erica Jong" y se mantiene "fiel a las *peligrosas* ideas de Nin aún tras el devastador análisis que de éstas han hecho tantas feministas" (subrayados míos). Abundan en esta presentación de *Sitio a Eros* consideraciones (convicciones/valores/gustos) de tipo personal no necesariamente pertinentes. Más sensato sería, a mi ver, considerar el impacto (la función) de las ideas de Ferré sobre la mujer y la creación feminista en términos de la escritura, de la factura de cuentos y poemas en *Papeles* y *Fábulas* independientemente de que éstas —de acuerdo a éste o aquél "movimiento de liberación"— estén marcadas por el "error", el "peligro" o "el paso del tiempo", o de que revelen "mal gusto" y tengan poco valor "ideológico".

poemas de Rosario Ferré pudiera llevar a algún lector a examinar *Papeles* y *Fábulas* a la luz de las polémicas que han suscitado en algunos sectores de la crítica los términos el "discurso femenino" y la "escritura femenina".[5] Este hipotético lector vería en la reiteración deliberada y caricaturesca de otros discursos, o una confirmación de que las mujeres no tienen "discurso propio" (la escritura de mujeres está siempre vinculada a otra escritura), o una muestra elocuente de uno de los rasgos básicos del "discurso femenino" y la "escritura femenina".[6] Un segundo lector, sin embargo, podría advertirle al primero que aunque determinar "lo particular" en los mecanismos y las estructuras de significación que generan ciertos procesos de enunciación y elaboración textual es una tarea útil, en algunos casos, los vínculos entre *lo textual* y *lo sexual* (texto = sexo) que destacan los críticos parecen obedecer menos a un análisis riguroso de "lo particular" en (de) la escritura bajo consideración que a cierto deseo de reiterar (manejar/señalar/mostrar) el discurso crítico que suponen "al día".

Esta advertencia me parece justa. Entre las múltiples alternativas que provee al escritor ese sistema de convenciones del que forma parte toda escritura figuran —se podría agregar— la subversión, el desvío, la ruptura, el trastocamiento, el cambio, el desplazamiento de convenciones. Reiterar otros discursos, pues, es uno de los gestos (móviles) predilectos de aquellos escritores interesados en resaltar (marcar/de-marcar) el alcance y las proyecciones de todo discurso. De ahí que se trate de un gesto (móvil) distintivo no sólo en (de) la escritura de *algunas* mujeres, sino también en (de) la de cualquier escritor que aborde la problemática de lo marginal o del ser marginal o marginado entablando un diálogo crítico con las prácticas

[5] La bibliografía al respecto es bastante amplia. Aquí tomo en consideración dos publicaciones recientes: *New French Feminism* (Marks/Courtivron eds., Amherst, 1979) y *Writing and Sexual Difference* (Elizabeth Abel ed., Chicago, 1982). Estas dos colecciones de ensayos ofrecen una visión bastante completa no sólo de las polémicas en torno a estos términos sino también de la denominada crítica feminista.

[6] En los trabajos de Elaine Showalter ("Feminist Criticism in the Wilderness"), Mary Jacobus ("The Question of Language: Men of Maxims and the Mill on the Floss") y Judith Kegan Gardiner ("On Female Identity and Writing by Women") que aparecen en *Writing and Sexual Difference* se examinan con bastante amplitud estas dos posturas.

sociales, culturales y literarias que apoyan determinados discursos.

Si se reiteran otros discursos en *Papeles* y *Fábulas,* pues, no es porque Ferré carezca de "discurso propio" o porque sea a eso —a la reiteración del discurso de *los otros*— a lo único que puede aspirar en tanto que mujer escritora. Reiteran otros discursos *Papeles* y *Fábulas* porque uno de los móviles básicos en (de) la escritura de Ferré es examinar (poner al descubierto/ subrayar/ cuestionar/ impugnar/ rechazar/ redefinir/ transformar) el modo en que determinados discursos (re)presentan la mujer y lo femenino. Constatan ambos libros, pues, no la existencia de una escritura *particular,* de una escritura *diferente,* sino las posibilidades de una escritura de *lo particular,* de una escritura de *lo otro,* de una escritura de *lo diferente.*

II

Las mujeres no son los únicos "hilos conductores" que permiten "agrupar y conectar entre sí" los diversos motivos que elabora la escritura en Rosario Ferré.[7] Aunque tanto en *Papeles* como en *Fábulas* el sujeto de enunciación se concentra en la mujer, en ambos libros se inscribe (elabora/elucida) algo más que la(s) diferencia(s) de la mujer. Se inscribe(n) —recordemos el relato del homosexual en "De tu lado al paraíso" y el del presidiario en "Maquinolandera"— la(s) diferencia(s) (el descontento/la desconformidad) que genera una situación de marginalidad. Se inscriben, además, la controversia, la discordia, el rencor, la ira, el coraje, el resentimiento, la indignación que desata cobrar consciencia de aquéllo que explica (causa) una situación de marginalidad. Al hablar de los estímulos y los soportes de la escritura en *Papeles* y *Fábulas* convendría hablar no tanto de la mujer como de *la condición* de la mujer, de *lo marginal,* de *la marginalidad* en (de) la mujer.

La mujer en *Papeles* y *Fábulas,* pues, más que un "personaje" es una "figura", un punto de enlace entre la escritura y la realidad que ésta investiga, indispensable.[8] En y con la "figura"

[7] Aplico a la mujer aquí la función que asigna al personaje B. Tomashevski en "Temática" (*Teoría de la literatura de los formalistas rusos,* Tzvetan Todorov ed., Buenos Aires: Siglo XXI, 1976, p. 222).

[8] "When identical semes traverse the same proper name several times and appear to settle upon it, a character is created... The figure is altogether diffe-

de la mujer cada libro elabora —vale la pena precisar— "relaciones simbólicas" distintas. Superponiendo varios planos de fantasía, graduando y modulando múltiples recursos y matices imaginativos, *Papeles* vincula la marginalidad en (de) la mujer a una coyuntura histórica particular, a los procesos de cambio social, económico y político por los que atraviesa un pueblo, a las tensiones y contradicciones que (de)marcan un sociedad. Mediante la postulación alucinada de ámbitos de realidad conflictivos se intenta en *Papeles* no sólo mostrar (elaborar/mostrar/elucidar) diversos tipos de marginalidad (la de las representantes de las antiguas jerarquías sociales en "La muñeca menor"/la de una prostituta-dama de sociedad en "Cuando las mujeres quieren a los hombres"/las de una sirvienta y una esposa en "El collar de camándulas"/las de hijas de familias prominentes en "Amalia", "Marina y el león" y "La bella durmiente"/la de un sirviente en "De tu lado al paraíso"/las de un presidiario y unas cantantes en "Maquinolandera"), sino también dar testimonio (sugerir interrogantes/esbozar y aludir a hipótesis e interpretaciones) acerca de los procesos en la sociedad puertorriqueña que explican esos tipos de marginalidad.[9] En *Fábulas* el asedio (cuestionamiento) de ámbitos históricos, socio-económicos y políticos es mucho más indirecto. Resalta en esta última colección de poemas, en cambio, la necesidad de asediar (cuestionar) ámbitos culturales y literarios. Aunque todavía se establecen vínculos entre la marginalidad en (de) la mujer y determinadas coyunturas históricas o procesos

rent: it is not a combination of semes concentrated in a legal Name, nor can biography, psychology or time encompass it: it is an illegal, impersonal, anachronistic configuration of symbolic relationships..." Roland Barthes, *S/Z* (New York: Hill and Wang, 1974, pp. 67-68).

[9] Aquí se propone leer *Papeles de Pandora* a la luz de *Sitio a Eros*. Se podría leer este libro también a la luz de algunos trabajos recientes de historiadores, economistas, sociólogos y escritores puertorriqueños. Pienso en particular en *El país de cuatro pisos* de José Luis González (Río Piedras: Huracán, 1980) y los trabajos más recientes de Fernando Picó, Angel Quintero Rivera, Juan Flores y Ricardo Campos. Util sería también una lectura comparativa de las "versiones" de lo femenino en Ferré y otros escritores de la denominada "nueva narrativa puertorriqueña". Pienso en particular en una lectura o relectura de Ferré a la luz de *La guaracha del Macho Camacho* de Luis Rafael Sánchez (Buenos Aires: Ediciones de la Flor, 1976) y la tan comentada y leída colección de cuentos de Ana Lydia Vega y Carmen Lugo Filippi *Vírgenes y mártires* (Río Piedras: Editorial Antillana, 1981).

socio-económicos y políticos,[10] lo que más importa en *Fábulas* es examinar la marginalidad en (de) la mujer a la luz de los modelos de lo femenino (Catalina/Antígona/Ismene/Medusa/Andrómeda/Desdémona/Dafne/Francesca/María Magdalena/Salomé/Helena) que ha consagrado —y sigue consagrando— determinada tradición cultural. Ya sea a partir de la creación de contextos alegórico-fantásticos o de su recreación (transformación), *Fábulas* muestra, una y otra vez, cómo las diferencias que atribuyen a la mujer los discursos dominantes obedecen menos a diferencias substanciales entre *lo femenino* y *lo masculino,* que al hecho de que en la literatura y otras manifestaciones culturales prestigiosas del mundo occidental se asume que el "espectador" (lector) es siempre un hombre y que la *imagen* que se crea en y con la "figura" de la mujer debe halagarlo.[11]

III

El interrogante con que culmina "Negativo" ("por todas estas cosas y otras pocas/que al contemplar tu estado considero,/me pregunto quién eres, quién inventa/esta imagen que en mi espejo se detiene") es clave.[12] Sugiere éste una de las definiciones más sucintas y certeras del móvil (gesto) básico de la escritura en *Papeles* y *Fábulas.* A partir de diversas modulaciones y desvíos, ambos libros revelan distintas etapas en la búsqueda a la que alude el interrogante en "Negativo". Explorando el rencor y el resentimiento, sacando provecho del humor y la ironía, el sujeto de enunciación asedia en *Papeles* y *Fábulas* las "imágenes" de la mujer que reflejan esas suertes de "espejos" que son los discursos sociales, culturales y literarios dominantes para entender qué es la mujer en esos "espejos" y cuáles de las cosas que dicen los "espejos" le impiden ser.

Basta considerar algunos ejemplos aislados de ese asedio —piénsese en particular en el contraste de las prácticas discursivas de Isabel la Negra e Isabel Luberza en "Cuando las mujeres

[10] Ver en particular "Pretalamio" (p. 8), los "encomios" a Antígona (pp. 37-41) y "A Julia" (pp. 63-67).

[11] Ver el trabajo de John Berger sobre las convenciones que gobiernan la representación de la mujer en la pintura europea: *Ways of Seeing* (London: Penguin Books, 1972, pp. 35-64).

[12] "Negativo", *Fábulas de la garza desangrada,* p. 27.

quieren a los hombres",[13] o en el contrapunto que establecen las dos citas del epígrafe del relato,[14] o en las versiones (transformaciones) de "Coppelia", "La Bella Durmiente" y "Giselle" y la variedad de documentos a partir de los cuales se arma la historia de María de los Angeles en "La bella durmiente", o en las versiones (transformaciones) de Francesca, Dorotea, Andrómeda, Medusa, Catalina y Desdémona en *Fábulas*[15] para percatarse de que ambas colecciones, aunque tal vez de manera más marcada *Fábulas,* reúnen *las anotaciones al margen* (los "papeles") y *las escrituras en los márgenes* (las "fábulas") de una mujer al encarar (leer/ver "cara a cara") esos "fraudes de la palabra"[16] que son las múltiples definiciones (máscaras) de la mujer y lo femenino que proveen los discursos sociales, culturales y literarios dominantes.

Y si Ferré procura hacer en (de) su escritura un "espejo" diferente, un "espejo" en el que se detenga *la imagen* de la mujer (el "sufrimiento" que la ha "atormentado"/el "rostro de hermosura perfecta" de su "desconsuelo")[17] y no "las imágenes" que otros quieren crear en y con la "figura" de la mujer, podríamos suponer que esas *anotaciones al margen* y *escrituras en los márgenes* que son *Papeles* y *Fábulas* fueron un "diario", es decir, que los "papeles" y las "fábulas" de Ferré fueron, en algún momento, ese "lugar secreto" donde, "libre de los prejuicios de los que ha sido víctima siempre", la mujer busca su "autenticidad".[18] Convendría, pues, jugar un poco con todo lo

[13] *Papeles de Pandora,* pp. 26-30.

[14] "la puta que yo conozco/no es de la china ni del japón/porque la puta viene de ponce/viene del barrio de san antón". *Plena de san antón.*

"conocemos sólo en parte y/profetizamos sólo en parte, pero/cuando llegue lo perfecto/desaparecerá lo parcial. ahora vemos por un espejo y oscuramente,/ pero entonces veremos cara a cara". SAN PABLO, *primera epístola a los corintios,* XIII, 12, conocida también como *epístola del amor. Papeles de Pandora,* p. 26.

[15] A esta lista convendría agregar las re-escrituras del cuento infantil en *El medio pollito* (Río Piedras: Ediciones Huracán, 1978) y *La mona que le pisaron la cola* (Río Piedras: Ediciones Huracán, 1981), en particular "Arroz Con Leche", "Los Tres Jorobados" y "La Cucarachita Martina".

[16] Así denomina Jorge Luis Borges los datos que "definen" supuestamente la vida de un moribundo en "Isidoro Acevedo", *Cuaderno San Martín* (Obra poética, Buenos Aires: Alianza, 1972).

[17] "Cuando las mujeres quieren a los hombres", *Papeles de Pandora,* p. 44.

[18] "El diario como forma femenina", *Sitio a Eros,* p. 27.

que sugiere el correlato mirar(se) al "espejo"=escribir, sino también con los sentidos y las proyecciones posibles del título de los trece ensayos de Ferré sobre la condición de la mujer y la creación feminista y con las fechas de publicación de sus libros.

Papeles de Pandora y *Fábulas de la garza desangrada,* además de ser los "sitios" (espacios) para ese motivo y móvil privilegiado en (de) la escritura en Ferré que es Eros, son también los "sitios" (espacios) en los que se *"sitia"* (asedia/acosa/cerca/escruta) ese motivo y móvil privilegiado en (de) la escritura. Las distancias entre esos tres "sitios" de (para) Eros que son *Papeles de Pandora, Sitio a Eros* y *Fábulas de la garza desangrada* constituyen, por otro lado, espacios ("sitios") significativos. Marcan esos espacios ("sitios") los desvíos y los desplazamientos (el desarrollo/la evolución/la maduración) en (de) la escritura de Ferré: si en *Papeles de Pandora* (1976)[19] se empieza a sugerir la posibilidad de crear un espacio para "situar" y "sitiar" a Eros y en *Sitio a Eros* (1980) se insiste en la necesidad de crear ese doble espacio, será en *Fábulas de la garza desangrada* (1982) donde finalmente se intenta crear, de manera rigurosa y sistemática, ese espacio. Convendría, además, tomar en cuenta las colecciones de cuentos infantiles que publica Ferré inmediatamente antes y después de *Sitio a Eros* pues, si bien en otro registro, resaltan en *El medio pollito* (1978) y *La mona que le pisaron la cola* (1981) los mismos interrogantes sobre los que se vuelca la escritura en *Papeles de Pandora* y *Fábulas de la garza desangrada.*

IV

Al "situar" y "sitiar" a Eros, Rosario Ferré sigue de cerca el ejemplo de aquellas escritoras del siglo XIX que al hablar del amor toman en cuenta (se concentran en) el punto de vista de la mujer y resaltan los sentimientos que la pasión amorosa suscita en ésta.[20] En *Papeles* y *Fábulas* la mujer, pues, figura como

[19] En 1979 aparece una segunda edición. A la edición original se agrega un relato, "la caja de cristal". Esta adición crea un contexto mucho más preciso y sugestivo para otros tres relatos ("El abrigo de zorro azul"/"El jardín de polvo"/"Marina y el león") que tal vez convenga leer como una unidad narrativa autónoma.

[20] "Un cuarteto y su desenlace", *Sitio a Eros,* p. 67.

"sujeto que ama" y no como "objeto amado". Esta presencia ("situación") de la mujer marca un desvío significativo respecto a la presencia ("situación") de la mujer —y lo femenino— en la obra de otros probables modelos de Ferré.

En ambos libros, aunque tal vez de manera más programática en *Fábulas,* la mujer es estímulo y punto de arranque de la escritura pero no en tanto que afirmación o negación de ámbitos sociales o posturas vitales,[21] o en tanto que objeto de contemplación inaccesible, o en tanto que blanco de proyección de deseos que nunca se sacian o soporte de una escritura que vincula, *al modo* de un Onetti, un Bioy Casares o un Fuentes, el ímpetu, el deseo y la iniciación sexual al ímpetu, el deseo y la iniciación literaria.[22] Y si subrayo lo de "al modo de" es porque en Ferré se vincula también la avidez sexual y la avidez literaria pero modificando los términos de Onetti, Bioy Casares y Fuentes. Importa en *Papeles* y *Fábulas* no la perspectiva (la mirada/las especulaciones/las reflexiones) del hombre que desea o simula desear a la mujer o querer poseerla, sino la de la mujer. El "ímpetu" que está en juego en *Papeles* y *Fábulas* es el de la mujer que se sabe asediada y deseada por el hombre, el de la mujer que examina ese asedio y esos deseos, el de la mujer que se convence de que *no puede esperar a que llegue el amor,* el de la mujer que se convence de que es a ella ("licenciosa"/"libertina"/"liberta") a la que corresponde *salir a buscarlo.*[23]

Al convertir a la mujer en "expresión de la pasión en sí" y no en "objeto de pasión" *Papeles* y *Fábulas* aluden a, y a la vez cuestionan (subvierten/modifican) esa particular manera de "situar" a la mujer en el ámbito de lo indescrifrable. Contrario a esos textos en los que se acude a la mujer para armar historias que cuentan —y en las que cuentan sobre todo— las peripecias, desmanes, vicisitudes y frustraciones de hombres, sus pugnas con ámbitos que la mujer niega o afirma o con impulsos creati-

[21] Pienso en las relaciones de los hombres con las prostitutas, las mujeres maduras y las adolescentes en Juan Carlos Onetti, así como en las mujeres-arquetipos en Juan Rulfo *(Pedro Páramo)* y Gabriel García Márquez *(Cien años de soledad).*

[22] Pienso en particular en la función de la mujer en casi toda la obra de Onetti, aunque de manera mucho más marcada en *El pozo, La vida breve, Los adioses* y *Para una tumba sin nombre,* así como en *La invensión de Morel* de Bioy Casares y *Aura* de Carlos Fuentes.

[23] "Pretalamio", *Fábulas de la garza desangrada,* p. 8.

vos que sólo se materializan esquivando —no enfrentándose a— los interrogantes que suscita la condición de la mujer,[24] en *Papeles* y *Fábulas* se acude a la mujer para armar historias que cuentan —y en las que cuentan sobre todo— las peripecias, obsesiones, desmanes, vicisitudes y frustraciones de mujeres, sus pugnas con ámbitos que representan, a todos sus niveles, el poder de los hombres o con impulsos creativos que sólo se materializan enfrentándose a —no esquivando— los interrogantes que suscita la condición de la mujer.

El que la mujer no sea "objeto de pasión" sino "expresión de la pasión" implica aún otro desvío. *Papeles* y *Fábulas* señalan también el tratamiento del erotismo y lo erótico en aquella escritura (de hombres o mujeres/contemporánea o previa) que no reconoce —o escamotea— el cuerpo y los instintos y que soslaya las tensiones y distensiones que engendra la atracción física. Ambos libros muestran, además, el carácter o potencial explosivo y renovador de la expresión del erotismo y lo erótico tanto en términos personales (o del personaje) como en términos de la escritura (o del escritor). Insisten *Papeles* y *Fábulas* en algo más que el derecho de la mujer a "aprender a conocer los secretos más íntimos de su cuerpo y a hablar sin eufemismos de él" o en su derecho a "examinar su propio erotismo y a derivar de su sexualidad" (del "amor profano"/del "amor pasajero"/ del "amor endemoniado"/de "la pasión por la pasión misma") una "vitalidad latente y pocas veces explotada".[25] Insisten ambos libros también en el derecho del escritor (mujer u hombre) a procurar para la escritura esa "vitalidad latente y pocas veces explotada" que deviene del asedio de los "secretos más íntimos del cuerpo", del examen del "erotismo" y la "sexualidad" y del aprovechamiento de esas formas desvalorizadas que son la expresión de lo "profano", lo "endemoniado" y la "pasión" misma.

V

Escribir *de* y *desde* la "pasión" implica no sólo aceptar esa

[24] En otro lugar ("Lo femenino en Onetti: ¿versiones?", *Sin nombre,* Vol. XIV, No. 2) examino esta particular utilización (manipulación) de la mujer en Juan Carlos Onetti.

[25] "La autenticidad de la mujer en el arte", *Sitio a Eros,* p. 16.

subjetividad que rechazan los que procuran la "absoluta transparencia que adquiere una obra literaria" en virtud del distanciamiento del sujeto de enunciación respecto a sus materiales,[26] sino atribuir a la escritura cierto valor terapéutico. La mujer escritora —observa Rosario Ferré al contrastar las posturas de Anaís Nin y Virginia Woolf— debe dedicarse "en cuerpo y alma" a la "persistencia" y no a la "objetividad". Es así, en contacto con, y sacándole provecho a esos excesos que son la "pasión", la "ira", la "risa", el "llanto", el "rencor" y la "subjetividad arbitraria", como más puede la escritora "reinventarse", "disipar el temor a la pérdida y a la muerte", fortalecerse, "enfrentarse cada día al esfuerzo que representa vivir", ayudar —en fin— a "configurar a la mujer como ser completo".[27] De ahí, pues, que la escritura en *Papeles* y *Fábulas* responda —como ya vimos— a ese doble impulso que es *construir* —o sugerir la posibilidad y necesidad de construir— otro tipo de "espejo" para que se mire la mujer a medida que se van destruyendo aquéllos en los que se mira hoy.

A algunos lectores, sin embargo, la "persistencia" de este proyecto de destrucción y construcción —en particular la "persistencia" con que se destruyen las "imágenes" de la mujer que consagran esas suertes de "espejos" que son los discursos sociales, culturales y literarios dominantes—, aunque ambiciosa y conmovedora, podría parecerles excesiva, desmesurada, demasiado próxima a esa "locura" y "estridencia estética" de la que habla Ferré en *Sitio a Eros* al insistir en que la mujer escribe "como puede, no como quiere ni debe".[28] Estos lectores —como la Virginia Woolf que elogia a Mary Carmichael por *La aventura de la vida*— preferirían tal vez una escritura en la que los hombres no sean ya "la facción de oposición", en la que no se pierda tiempo en "invectivas" contra éstos, en la que "el temor" y "el odio", tan marcados en otras escritoras, desaparezcan o sólo permanezcan "trazos" de ellos en alguno que otro comentario "cáustico" y "satírico".[29]

Papeles y *Fábulas* muestran, a mi ver, el valor "relativo" de

[26] "La autenticidad de la mujer en el arte", *Sitio a Eros,* p. 17.

[27] *Ibid.*, p. 18.

[28] *Ibid.*, p. 18.

[29] Virginia Woolf, *Una habitación propia* (Barcelona: Seix Barral, 1967, pp. 110-129).

apreciaciones de este tipo. Si ambos libros son —como creo— eficaces, lo son, en gran medida, porque los hombres, en tanto que representantes (artífices y/o defensores acérrimos) de esos intrincados contornos sobre los cuales se vuelca la escritura, siguen siendo —no pueden no ser— la "facción de oposición", porque ante ellos (o aquellas mujeres que "consideran inútil desafiar el sexo opuesto" y pasan a ser "las aliadas de los hombres" sobreviviendo como "esposas, hermanas, hijas que cumplen con su deber")[30] no es posible no lanzar "invectivas" o dejar de sacar provecho del comentario "cáustico" y "satírico".

La eficacia de *Papeles de Pandora* y *Fábulas de la garza desangrada* no depende exclusivamente —vale la pena aclarar— de la "persistencia" con que ponen al descubierto y esclarecen aspectos de la condición (marginalidad/pasión) de la mujer que por comodidad o pusilanimidad ignoramos o queremos soslayar. Su eficacia deviene sobre todo de la perspicacia con que se aprovecha esa "persistencia", es decir, de la manera en que se transforman en ambos libros los imperativos de autoexpresión femenina en arte, de la manera en que revelan que esos dos motivos y móviles indispensables de tantos intentos de establecer y elucidar la condición de la mujer que son "el temor" y "el odio" lejos de empobrecer la escritura la enriquecen, de la manera en que muestran que la pasión en (de) la escritura no constituye un obstáculo a la creación literaria, ni conduce inevitablemente a "callejones sin salida" o a deformaciones caricaturescas, tendenciosas y maniqueas, ni a desvíos impertinentes e insensatos, de la manera en que convierten esos supuestos focos de irracionalidad que son la cólera, la indignación, el rencor y el coraje en focos de lucidez y muestran "las bondades de la ira".[31]

[30] "Un cuarteto y su desenlace", *Sitio a Eros,* p. 69.

[31] El título del ensayo que dedica Ferré a Sylvia Plath en *Sitio a Eros* ("Las bondades de la ira") describe elocuentemente no sólo la escritura en Plath sino también la escritura en *Papeles de Pandora* y *Fábulas de la garza desangrada.*

CALAMARES EN SU TINTA: TESTIMONIOS

APUNTES AL MARGEN DE UN TEXTO DE ROSARIO FERRE

Juan Gelpí

escogeré entre el sombrero de flores
y los hilos de sangre
entre los guantes blancos
y la tierra entre las manos
aunque me fusilen las manos
entre el mustang banda blanca
/con tapalodo colorado
y el tiranosauro dorado
pariré un hijo macho frente al dragón
/que me acecha
y después del parto
lo estrangularé con mi propia placenta
lo atravesaré de costado a costado
con mi hijo vara de acero
vestida de sol por las crines
/enmarañadas de mi pelo
me pararé con pies de gárgola
/sobre la luna
me coseré una a una las estrellas
/de los ojos
con hilo rojo
para celebrar mi victoria

"Eva María" de *Papeles de Pandora*

La participación de Rosario Ferré en el encuentro de escritoras latinoamericanas vino a confirmar que, a pesar de las artimañas que se le han tendido a la literatura puertorriqueña, dicha literatura sigue existiendo, en sus mejores manifestaciones, como escritura que se encarga de sobresaltar y enfrentarse al poder. "La cocina de la escritura" constituye un testimonio personal a la vez que una especie de declaración involuntaria de los procedimientos de un grupo de escritores. Se trata de un texto que se puede relacionar con la producción literaria de la revista *Zona de carga y descarga,* publicación que dirigió Ferré de 1972 a 1975. La escritura que se entiende como voluntad destructiva, como estrategia dirigida a aniquilar un mundo, se acerca mucho a los textos que figuraron en *Zona.* En esa zona literaria se separan las normas de producción que dicta la ideología dominante y la producción textual. *Zona* aparece en un Puerto Rico que ya no es la vitrina del desarrollismo, en una sociedad que se ha entregado al consumo, pero hace su aparición precisamente para contradecir la imagen mítica de la isla/vitrina y para negar el consumismo como ideología dominante. No es una casualidad que en el primer ejemplar de la revista se contrapongan la mujer-objeto-muñeca que coloca el poder en la vitrina opaca, una Miss Universo puertorriqueña, con los *artefactos* y *descargas* literarios de las otras páginas. Recuérdese la acepción que cobran en aquella época los términos "descarga" o "tirar una descarga" en el léxico puertorriqueño. *Zona* fue, en efecto, lugar de provocación social y literaria.

Un año después de que se termina de publicar *Zona,* en 1976, en plena celebración del bicentenario de la independencia de los Estados Unidos, salen al mercado, fuera de la isla, en Ciudad de México, Buenos Aires y Nueva York, los tres textos fundamentales de la narrativa puertorriqueña de la década del setenta: *Papeles de Pandora* de Rosario Ferré, *La guaracha del Macho Camacho* de Luis Rafael Sánchez y *La novelabingo* de Manuel Ramos Otero. En *Zona* aparecieron fragmentos de dos de esos textos. Los une una misma actitud irrespetuosa, son textos que se yerguen ante la vitrina del desarrollo y el consumismo. Los textos de Ferré rompen con frecuencia el cristal de la reputación burguesa. En la novela de Sánchez se produce una parodia, un ataque agresivo, de los medios de comunicación masiva que fortalecen la ideología del consumo. La novela de Ramos Otero es una obra que se niega a ser consumida fácil o dócilmente, texto que opaca en su lectura la linealidad narrativa. Se insiste en los textos en su carácter de artificio literario, objetos que se resisten y difieren de los otros objetos que el poder quiere colocar pasivamente a la vista del consumidor y de los otros países latinoamericanos.

Pero existe otro punto de enlace entre "La cocina de la escritura" y *Zona*. Se trata de la exploración de lo femenino. Rosario Ferré, al igual que Julia de Burgos, sin lugar a dudas una de sus precursoras fundamentales, se niega a renunciar al propio espacio intelectual en aras de la relación con el amado. La palabra madre o matriz, la palabra cómplice de gran parte de los textos de Ferré no es otra que el poema "A Julia de Burgos". El reconocimiento textual de esta complicidad se produce en la elaboración de la figura del doble, así como en la figura de la "fría muñeca de mentira social" que tan a menudo se convierte en una figura dinamizada, en mujer-ménade, a lo largo de *Papeles de Pandora* y *Fábulas de la garza desangrada*. Tanto Julia como Rosario desde sus respectivos lugares de registro escrito —el poema, la narración, la carta, el ensayo— contribuyen a que prosiga una literatura que se niega a silenciarse.

LA COCINA DE LA ESCRITURA*

Rosario Ferré

I

"De cómo dejarse caer de la sartén al fuego"

A lo largo del tiempo, las mujeres narradoras han escrito por múltiples razones: Emily Brönte escribió para demostrar la naturaleza revolucionaria de la pasión; Virginia Woolf para exorcisar su terror a la locura y a la muerte; Joan Didion escribe para descubrir lo que piensa y cómo piensa; Clarisse Lispector descubre en su escritura una razón para amar y ser amada. En mi caso, escribir es una voluntad a la vez constructiva y destructiva; una posibilidad de crecimiento y de cambio. Escribo para edificarme palabra a palabra; para disipar mi terror a la inexistencia, como rostro humano que habla. En este sentido, la frase "lengua materna" ha cobrado para mí, en años recientes, un significado especial. Este signíficado se le hizo evidente a un escritor judío llamado Juan, hace casi dos mil años, cuando empezó su libro diciendo: "En el principio fue el Verbo". Como evangelista, Juan era ante todo escritor, y se refería al verbo en un sentido literario, como principio creador, sean cuales fuesen las interpretaciones que posteriormente le adjudicó la Teología a su célebre frase. Este significado que Juan le reconoció al Verbo yo prefiero atribuírselo a la lengua; más específicamente, a la palabra. El verbo-padre puede ser transitivo o intransitivo, presente, pasado o futuro, pero la palabra-madre nunca cambia, nunca muda de tiempo. Sabemos que si confiamos en ella,

* Una primera versión de este texto apareció en *Literatures in Translation: The Many Voices of the Caribbean Area. A Symposium*, Rose S. Minc, ed. (Maryland: Montclair State College & Ediciones Hispamérica, 1982), pp. 37-51.

nos tomará de la mano para que emprendamos nuestro propio camino.

En realidad, tengo mucho que agradecerle a la palabra. Es ella quien me ha hecho posible una identidad propia, que no le debo a nadie sino a mi propio esfuerzo. Es por esto que tengo tanta confianza en ella, tanta o más que la que tuve en mi madre natural. Cuando pienso que todo me falla, que la vida no es más que un teatro absurdo sobre el viento armado, sé que la palabra siempre está ahí, dispuesta a devolverme la fe en mí misma y en el mundo. Esta necesidad constructiva por la que escribo se encuentra íntimamente relacionada a mi necesidad de amor: escribo para reinventarme y para reinventar el mundo, para convencerme de que todo lo que amo es eterno.

Pero mi voluntad de escribir es también una voluntad destructiva, un intento de aniquilarme y de aniquilar el mundo. La palabra, como la naturaleza misma, es infinitamente sabia, y conoce cuándo debe asolar lo caduco y lo corrompido para edificar la vida sobre cimientos nuevos. En la medida en la que participo de la corrupción del mundo, revierto contra mí misma mi propio instrumento. Escribo porque soy una desajustada a la realidad; porque son, en el fondo, mis profundas decepciones las que han hecho brotar en mí la necesidad de recrear la vida, de sustituirla por una realidad más compasiva y habitable, por ese mundo y por esa persona utópicos que también llevo dentro.

Esta voluntad destructiva por la que escribo se encuentra directamente relacionada a mi necesidad de odio y a mi necesidad de venganza; escribo para vengarme de la realidad y de mí misma, para perpetuar lo que me hiere tanto como lo que me seduce. Sólo las heridas, los agravios más profundos (lo que implica, después de todo, que amo apasionadamente el mundo) podrán quizá engendrar en mí algún día toda la fuerza de la expresión humana.

Quisiera hablar ahora de esa voluntad constructiva y destructiva, en relación a mi obra. El día que me senté por fin frente a mi maquinilla con la intención de escribir mi primer cuento, sabía ya por experiencia, lo difícil que era ganar acceso a esa habitación propia con pestillo en la puerta y a esas metafóricas quinientas libras al año que me aseguraran mi independencia y mi libertad. Me había divorciado y había sufrido muchas vicisitudes a causa del amor, o de lo que entonces había creído que era el amor: el renunciamiento a mi propio espacio intelectual y espiritual, en aras de la relación con el amado. El empeño por llegar a ser la esposa perfecta fue quizá lo que me hizo volverme, en determinado momento, contra mí misma; a fuerza de tanto querer ser como decían que debía de ser, había dejado de existir, había renunciado a las obligaciones privadas de mi alma.

Entre éstas, la más importante me había parecido siempre vivir intensamente. No agradecía para nada la existencia protegida, exenta de todo peligro, pero también de responsabilidades, que hasta entonces había llevado en el seno del hogar. Deseaba vivir: experimentar el conocimiento, el arte, la aventura, el peligro, todo de primera mano y sin esperar a que me lo contaran. En realidad, lo que quería era disipar mi miedo a la muerte. Todos le tenemos miedo a la muerte, pero yo sentía por ella un terror especial, el terror de los que no han conocido la vida. La vida nos desgarra, nos hace cómplices del gozo y del terror, pero finalmente nos consuela, nos enseña a aceptar la muerte como su fin necesario y natural. Pero verme obligada a enfrentar la muerte sin haber conocido la vida, sin atravesar su aprendizaje, me parecía una crueldad imperdonable. Era por eso, me decía, que los inocentes, los que mueren sin haber vivido, sin tener que rendir cuentas por sus propios actos, todos van a parar al Limbo. Me encontraba convencida de que el Paraíso era de los buenos y el Infierno de los malos, de esos hombres que se habían ganado arduamente la salvación o la condena, pero que en el Limbo sólo había mujeres y niños, que ni siquiera sabíamos cómo habíamos llegado hasta allí.

El día de mi debut como escritora, permanecí largo rato sentada frente a mi maquinilla, rumiando estos pensamientos. Escribir mi primer cuento significaba, inevitablemente, dar mi primer paso en dirección del Cielo o del Infierno, y aquella certidumbre me hacía vacilar entre un estado de euforia y de depresión. Era casi como si me encontrara a punto de nacer, asomando tímidamente la cabeza por las puertas del Limbo. Si la voz me suena falsa, me dije, si la voluntad me falla, todos mis sacrificios habrán sido en vano. Habré renunciado tontamente a esa protección que, no empece sus desventajas, me proporcionaba el ser una buena esposa y ama de casa, y habré caído merecidamente de la sartén al fuego.

Virginia Woolf y Simone de Beauvoir eran para mí en aquellos tiempos algo así como mis evangelistas de cabecera;

quería que ellas me enseñaran a escribir bien, o a lo menos a no escribir mal. Leía todo lo que habían escrito como una persona que se toma todas las noches antes de acostarse varias cucharadas de una pócima salutífera, que le imposibilitara morir de toda aquella plaga de males de los cuales, según ellas, habían muerto la mayoría de las escritoras que las había precedido, y aun muchas de sus contemporáneas. Tengo que reconocer que aquellas lecturas no hicieron mucho por fortalecer mi aun recién nacida y tierna identidad de escritora. El reflejo de mi mano era todavía el de sostener pacientemente la sartén sobre el fuego, y no el de blandir con agresividad la pluma a través de sus llamas, y tanto Simone como Virginia, bien que reconociendo los logros que habían alcanzado hasta entonces las escritoras, las criticaban bastante acerbamente. Simone opinaba que las mujeres insistían con demasiada frecuencia en aquellos temas considerados tradicionalmente femeninos, como por ejemplo la preocupación con el amor, o la denuncia de una educación y de unas costumbres que habían limitado irreparablemente su existencia. Justificados como estaban estos temas, reducirse a ellos significaba que no se había internalizado adecuadamente la capacidad para la libertad. "El arte, la literatura, la filosofía", me decía Simone, "son intentos de fundar el mundo sobre una nueva libertad humana: la del creador individual, y para lograr esta ambición (la mujer) deberá antes que nada asumir el estatus de un ser que posee la libertad".

En su opinión, la mujer debería ser constructiva en su literatura, pero no constructiva de realidades interiores sino de realidades exteriores, principalmente históricas y sociales. Para Simone, la capacidad intuitiva, el contacto con las fuerzas de lo irracional, la capacidad para la emoción, eran talentos muy importantes, pero también en cierta forma eran talentos de segunda categoría. El funcionamiento del mundo, el orden de los eventos políticos y sociales que determinan el curso de nuestras vidas están en manos de quienes toman sus decisiones a la luz del conocimiento y de la razón, me decía Simone, y no de la intuición y de la emoción, y era de estos temas que la mujer debería de ocuparse en adelante en su literatura.

Virginia Woolf, por otro lado vivía obsesionada por una necesidad de objetividad y de distancia que, en su opinión, se habían dado muy pocas veces en la escritura de las mujeres. De las escritoras del pasado, Virginia salvaba sólo a Jane Austen y a

Emily Brönte, porque sólo ellas habían logrado escribir, como Shakespeare, "con todos los obstáculos quemados". "Es funesto para todo aquel que escribe pensar en su sexo", me decía Virginia, "y es funesto para una mujer subrayar en lo más mínimo una queja, abrogar, aun con justicia, una causa, hablar, en fin, conscientemente como una mujer. En los libros de esas escritoras que no logren librarse de la cólera habrá deformaciones, desviaciones. Escribirá alocadamente en lugar de escribir con sensatez. Hablará de sí misma, en lugar de hablar de sus personajes. Está en guerra con su suerte. ¿Cómo podrá evitar morir joven, frustrada, contrariada?" Para Virginia, evidentemente, la literatura femenina no debería de ser jamás destructiva o iracunda, sino tan armoniosa y translúcida como la suya propia.

Había, pues, escogido mi tema: nada menos que el mundo; así como mi estilo, nada menos que un lenguaje absolutamente neutro y ecuánime, consagrado a hacer brotar la verosimilitud del tema, tal y como me lo habían aconsejado Simone y Virginia. Sólo faltaba ahora encontrar el cabo de mi hilo, descubrir esa ventana personalísima, de entre las miles que dice Henry James que tiene la ficción, por la cual lograría entrar en mi tema: la ventana de mi anécdota. Pensé que lo mejor sería escoger una anécdota histórica; algo relacionado, por ejemplo, a lo que significó para nuestra burguesía el cambio de una sociedad agraria, basada en el monocultivo de la caña, a una sociedad urbana o industrial; así como la pérdida de ciertos valores que aquel cambio había conllevado a comienzos de siglo: el abandono de la tierra; el olvido de un código de comportamiento patriarcal, basado en la explotación, pero también a veces en ciertos principios de ética y de caridad cristiana sustitudos por un nuevo código mercantil y utilitario que nos llegó del norte; el surgimiento de una nueva clase profesional, con sede en los pueblos, que muy pronto desplazó a la antigua oligarquía cañera como clase dirigente.

Una anécdota basada en aquellas directrices me parecía excelente en todos los sentidos: no había allí posibilidad alguna de que se me acusara de construcciones ni de destrucciones inútiles, en un argumento como aquél. Escogido por fin el contexto de mi trama, coloqué las manos sobre la maquinilla, dispuesta a comenzar a escribir. Bajo mis dedos temblaban, prontas a saltar adelante, las veintiséis letras del alfabeto latino, como las cuerdas de un poderoso instrumento. Pasó una hora, pasaron dos, pasaron tres, sin que una sola idea cruzara el horizonte pavorosamente límpido de mi mente. Había tantos datos, tantos sucesos novelables en aquel momento de nuestro devenir histórico, que no tenía la menor idea de por dónde debería empezar. Todo me parecía digno, no ya de un cuento que indudablemente sería torpe y de principiante, sino de una docena de novelas aún por escribir.

Decidí tener paciencia y no desesperar, pasarme toda la noche en vela si fuere necesario. La madurez lo es todo, me dije, y aquél era, no debía olvidarlo, mi primer cuento. Si me concentraba lo suficiente encontraría por fin el cabo de mi anécdota. Comenzaba ya a amanecer, y el sol había teñido de púrpura la ventana de mi estudio, cuando, rodeada de ceniceros que más bien parecían depósitos de un crematorio de guerra, así como de tazas de café frío que recordaban las almenas de una ciudad inútilmente sitiada, me quedé profundamente dormida sobre las teclas aún silenciosas de mi maquinilla. Afortunadamente, la lección más compasiva que me ha enseñado la vida es que, no importa los reveses a los que uno se ve obligado a enfrentarse, ella nos sigue viviendo, y aquella derrota, después de todo, nada tenía que ver con mi amor por el cuento. Si no podía escribir un cuento, al menos podía escucharlos, y en la vida diaria he sido siempre ávida escucha de cuentos. Los cuentos orales, los que me cuenta la gente en la calle son siempre los que más me interesan, y me maravilla el hecho de que quienes me los cuentan suelen estar ajenos a que lo que me están contando es un cuento. Algo similar me sucedió, algunos días más tarde, cuando me invitaron a almorzar en casa de mi tía.

Sentada a la cabecera de la mesa, mientras dejaba caer en su taza de té una lenta cucharada de miel, escuché a mi tía comenzar a contar un cuento. La historia había tomado lugar en una lejana hacienda de caña, a comienzos de siglo, dijo, y su heroína era una parienta lejana suya que confeccionaba muñecas rellenas de aquel líquido. La extraña señora había sido víctima de su marido, un tarambana y borrachín que había dilapidado irremediablemente su fortuna, para luego echarla de la casa y amancebarse con otra. La familia de mi tía, respetando las costumbres de entonces, le había ofrecido techo y sustento, a pesar de que para aquellos tiempos la hacienda de caña en que vivían se encontraba al borde de la ruina. Había sido para corresponder a aquella generosidad que se había dedicado a confeccionarle a las hijas de la familia muñecas rellenas de miel.

Poco después de su llegada a la hacienda, la parienta, que aún era joven y hermosa, había desarrollado un extraño padecimiento: la pierna derecha había comenzado a hinchársele sin motivo evidente, y sus familiares decidieron mandar a buscar al médico del pueblo cercano para que la examinara. El médico, un joven sin escrúpulos, recién graduado de una universidad extranjera, enamoró primero a la joven, y diagnosticó luego falsamente que su mal era incurable. Aplicándole emplastos de curandero, la condenó a vivir inválida en un sillón, mientras la despojaba sin compasión del poco dinero que la desgraciada había logrado salvar de su matrimonio. El comportamiento del médico me pareció, por supuesto, deleznable, pero lo que más me conmovió de aquella historia no fue su canallada, sino la resignación absoluta con la cual, en nombre del amor, aquella mujer se había dejado explotar durante veinte años.

No voy a repetir aquí el resto de la historia que me hizo mi tía aquella tarde, porque se encuentra recogida en "La muñeca menor", mi primer cuento. Claro, que no lo conté con las mismas palabras con las que me lo relató ella, ni repitiendo su ingenuo panegírico de un mundo afortunadamente desaparecido, en que los jornaleros de la caña morían de inanición, mientras las hijas del hacendado jugaban con muñecas rellenas de miel. Pero aquella historia, escuchada a grandes rasgos, cumplía con los requisitos que me había impuesto: trataba de la ruina de una clase y de su sustitución por otra, de la metamorfosis de un sistema de valores basados en el concepto de la familia, por unos intereses de lucro y aprovechamiento personales, resultado de una visión del mundo inescrupulosa y utilitaria.

Encendida la mecha, aquella misma tarde me encerré en mi estudio y no me detuve hasta que aquella chispa que bailaba frente a mis ojos se detuvo justo en el corazón de lo que quería decir. Terminado mi cuento, me recliné sobre la silla para leerlo completo, segura de haber escrito un relato sobre un tema objetivo, absolutamente depurado de conflictos femeninos y de alcance trascendental, cuando me di cuenta de que todos mis cuidados habían sido en vano. Aquella parienta extraña, víctima de un amor que la había sometido dos veces a la explotación del amado, se había quedado con mi cuento, reinaba en él como una vestal trágica e implacable. Mi tema, bien que encuadrado en el contexto histórico y sociopolítico que me había propuesto, seguía siendo el amor, la queja, y ¡ay! era necesario reconocerlo, hasta la venganza. La imagen de aquella mujer, balconeándose años enteros frente al cañaveral con el corazón roto, me había tocado en lo más profundo. Era ella quien me había abierto por fin la ventana, antes tan herméticamente cerrada, de mi cuento.

Había traicionado a Simone, escribiendo una vez más sobre la realidad interior de la mujer, y había traicionado a Virginia, dejándome llevar por la ira, por la cólera que me produjo aquella historia. Confieso que estuve a punto de arrojar mi cuento al cesto de la basura, deshacerme de aquella evidencia que, en la opinión de mis evangelistas de cabecera, me identificaba con todas las escritoras que se habían malogrado trágicamente en el pasado y en el presente. Por suerte no lo hice; lo guardé en un cajón de mi escritorio en espera de mejores tiempos, de ese día en que quizá llegase a comprenderme mejor a mí misma.

Han pasado diez años desde que escribí "La muñeca menor", y he escrito muchos cuentos desde entonces; creo que ahora puedo objetivar con mayor madurez las lecciones que aprendí aquel día. Me siento menos culpable hacia Simone y hacia Virginia, porque he descubierto que, cuando uno intenta escribir un cuento (o un poema, o una novela), detenerse a escuchar consejos, aun de aquellos maestros que uno más admira, tiene casi siempre como resultado la parálisis de la lengua y de la imaginación. Hoy sé por experiencia que de nada vale escribir proponiéndose de antemano construir realidades exteriores, tratar sobre temas universales y objetivos, si uno no construye primero su realidad interior; de nada vale intentar escribir en un estilo neutro, armonioso, distante, si uno no tiene primero el valor de destruir su realidad interior. Al escribir sobre sus personajes, un escritor escribe siempre sobre sí mismo, o sobre posibles vertientes de sí mismo, ya que, como a todo ser humano, ninguna virtud o pecado le es ajeno.

Al identificarme con la extraña parienta de la "Muñeca Menor", yo había hecho posible ambos procesos: por un lado había reconstruido, en su desventura, mi propia desventura amorosa, y por otro lado, al darme cuenta de cuáles eran sus debilidades y sus fallas (su pasividad, su conformidad, su aterradora resignación), la había destruido en mi nombre. Aunque es posible que también la haya salvado. En cuentos posteriores, mis heroínas han logrado ser más valerosas y más libres, más energéticas y positivas, quizá porque nacieron de las cenizas de la "Muñeca Menor". Su decepción fue, en todo caso, lo que me hizo caer, de la sartén, al fuego de la literatura.

II
"De cómo salvar algunas cosas en medio del fuego"

He contado cómo fue que escribí mi primer cuento, y quisiera ahora describir cuáles son las satisfacciones que descubro hoy en ese quehacer cuya iniciación me fue, en un momento dado, tan dolorosa. La literatura es un arte contradictorio, quizá el más contradictorio que existe: por un lado es el resultado de una entrega absoluta de la energía, de la inteligencia, pero sobre todo de la voluntad, a la tarea creativa, y por otro lado tiene muy poco que ver con la voluntad, porque el escritor nunca escoge sus temas, sino que sus temas lo escogen a él. Es entre estos dos polos o antípodas que se fecunda la obra literaria, y en ellos tienen también su origen las satisfacciones del escritor. En mi caso, éstas consisten de una voluntad de hacerme útil y de una voluntad de gozo.

La primera, (relacionada a mis temas, a mi intento de sustituir el mundo en que vivo por ese mundo utópico que pienso) es una voluntad curiosa, porque es una voluntad *a posteriori*. La voluntad de hacerme útil, tanto en cuanto al dilema femenino, como en cuanto a los problemas políticos y sociales que también me atañen, me es absolutamente ajena cuando empiezo a escribir un cuento, no obstante la claridad con que la percibo una vez terminada mi obra. Tan imposible me resulta proponerme ser útil a tal o cual causa, antes de comenzar a escribir, como me resulta declarar mi adhesión a tal o cual credo religioso, político o social. Pero el lenguaje creador es como la creciente poderosa de un río, cuyas mareas laterales atrapan las lealtades y las convicciones, y el escritor se ve siempre arrastrado por su verdad.

Es ineludible que mi visión del mundo tenga mucho que ver con la desigualdad que sufre todavía la mujer en nuestra edad moderna. Uno de los problemas que más me preocupa sigue siendo la incapacidad que ha demostrado la sociedad para resolver eficazmente su dilema, los obstáculos que continúa oponiéndole en su lucha por lograrse a sí misma, tanto en su vida privada como en su vida pública. Quisiera tocar aquí someramente, entre la enorme gama de tópicos posibles relacionados a este tema, el asunto de la obscenidad en la literatura femenina.

Hace algunos meses, en la ocasión de un banquete al que asistí en conmemoración del centenario de Juan Ramón Jiménez, se me acercó un célebre crítico, de cabellera ya plateada por los años, para hablarme, frente a un grupo nutrido de personas, sobre mis libros. Con una sonrisa maliciosa, y guiñándome un ojo que pretendía ser cómplice, me preguntó, en un tono titilante y cargado de insinuación, si era cierto que yo escribía cuentos pornográficos y que, de ser así, se los enviara, porque quería leerlos. Confieso que en aquel momento no tuve, quizá por excesiva consideración a unas canas que a distancia se me antojan verdes, el valor de mentarle respetuosamente a su padre, pero el suceso me afectó profundamente. Regresé a mi casa deprimida, temerosa de que se hubiese corrido el rumor, entre críticos insignes, de que mis escritos no eran otra cosa que una transcripción más o menos artística de la *Historia de O*.

Por supuesto que no le envié al egregio crítico mis libros, pero pasada la primera impresión desagradable, me dije que aquel asunto de la obscenidad en la literatura femenina merecía ser examinada más de cerca. Convencida de que el anciano caballero no era sino un ejemplar de una raza ya casi extinta de críticos abiertamente sexistas, que consideran la literatura su feudo privado, decidí olvidarme del asunto, y volver aquel pequeño agravio en mi provecho.

Comencé entonces a leer todo lo que caía en mis manos sobre el tema de la obscenidad en la narrativa femenina. Gran parte de la crítica sobre la narrativa femenina se encuentra hoy formulada por mujeres, y éstas suelen enfocar el problema de la mujer desde ángulos muy diversos: el marxista, el froidiano, o el ángulo de la revolución sexual. Pese a sus diversos enfoques, las críticas femeninas, tanto Sandra Gilbert y Susan Gubar en *The Madwoman in the Attic,* por ejemplo, como Mary Ellen Moers en *Literary Women;* como Patricia Meyer Spacks en *The Female Imagination* o Erica Jong en sus múltiples ensayos, parecían estar de acuerdo en lo siguiente: la violencia, la ira, la inconformidad ante su situación, había generado gran parte de la energía que había hecho posible la narrativa femenina durante siglos. Comenzando con la novela gótica del siglo 18, cuya máxima exponente fue Mrs. Radcliffe, y pasando por las novelas de las Brönte, por el Frankenstein de Mary Shelley, por *The Mill and the Floss* de George Eliot, así como por las novelas de Jean Rhys, Edith Wharton y hasta las de Virginia Woolf (y ¿qué otra cosa es *Mrs. Dalloway* sino una interpretación sublimada, poética, pero no por eso menos irónica y acusatoria de la frívola vida de la anfitriona social?), la narrativa femenina se había caracterizado por un lenguaje a menudo agresivo y delator. Iracundas y rebeldes habían sido todas, aunque alguna más irónica, más sabia y veladamente que otras.

Una cosa, sin embargo, me llamó la atención de aquellas críticas, el silencio absoluto que guardaban, en sus respectivos estudios, sobre el uso de la obscenidad en la literatura femenina contemporánea. Ninguna de ellas abordaba el tema, pese al hecho de que el empleo de un lenguaje sexualmente proscrito en la literatura femenina me parecía hoy uno de los resultados inevitables de una corriente de violencia que había abarcado ya varios siglos. Y no era que las escritoras no se hubiesen servido de él: entre las primeras novelistas que emplearon un lenguaje obsceno, de las que publicaron sus novelas en los Estados Unidos luego de levantados los edictos contra el *Ulysses*, en 1933, por ejemplo, se encontraron Iris Murdoch, Doris Lessin y Carson McCullers, quienes le dieron por primera vez un empleo desenvuelto y desinhibido al verbo "joder". Erica Jong, por otro lado, se había hecho famosa precisamente por el uso de un vocabulario agresivamente impúdico en sus novelas, pero del cual jamás hacía mención en sus bien educados y respetuosos ensayos sobre la literatura femenina contemporánea.

Entrar aquí a fondo en este tema, con todas sus implicaciones sociológicas, (y aún políticas) resultaría imposible, y mi propósito al abordarlo no fue sino dar un ejemplo de esa voluntad de hacerme útil como escritora, de la cual me doy cuenta siempre *a posteriori*. Cuando el insigne crítico me abordó en aquel banquete, señalando mi fama como militante de la literatura pornográfica, nunca me había preguntado cuál era la meta que me proponía al emplear un lenguaje obsceno en mis cuentos. Al darme cuenta de la persistencia con que la crítica femenina contemporánea circunvalaba el escabroso tema, mi intención se me hizo clara: mi propósito había sido precisamente la de volver esa arma, la del insulto sexualmente humillante y bochornoso, blandida durante tantos siglos contra nosotras, contra esa misma sociedad, contra sus prejuicios ya caducos e inaceptables.

Si la obscenidad había sido tradicionalmente empleada para degradar y humillar a la mujer, me dije, ésta debería de ser doblemente efectiva para redimirla. Si en mi cuento "Cuando las mujeres quieren a los hombres" o "De tu lado al paraíso", por ejemplo, el lenguaje obsceno ha servido para que una sola persona se conmueva ante la injusticia que implica la explotación sexual de la mujer, no me importa que me consideren una escritora pornográfica. Me siento satisfecha porque habré cumplido cabalmente con mi voluntad de hacerme útil.

Pero mi voluntad de hacerme útil, así como mi voluntad constructiva y destructiva, no son sino las dos caras de una misma moneda: ambas se encuentran inseparablemente unidas por una tercera necesidad, que conforma la pestaña resplandeciente de su borde: mi voluntad de gozo. Escribir es para mí un conocimiento corporal, la prueba irrefutable de que mi forma humana (individual y colectiva) existe, y a la vez un conocimiento intelectual, el descubrimiento de una forma que me precede. Es sólo a través del gozo que logramos dejar cifrado, en el testimonio de lo particular, la experiencia de lo general, el testimonio de nuestra historia y de nuestro tiempo. Y a ese cuerpo del texto, como bien sabía Neruda (para quien no existían las palabras púdicas ni las impúdicas, las palabras obscenas, ni las gazmoñas, sino las palabras amadas) sólo puede dársele forma a través del gozo, disolviendo la piel que separa la palabra "piel" de la piel del cuerpo.

Esta condición álgida, ese gozo encandilado que se establece entre el escritor (o la escritora) y la palabra, no se logra jamás al primer intento. El deseo está ahí, pero el gozo es esquivo y nos elude, se cuela por entre los intersticios de la palabra; se cierra a veces, como el moriviví, al menor contacto. Pero si al principio la palabra se muestra fría, indiferente, ausente a los requerimientos del escritor, situación que inevitablemente lo sume en la desesperación más negra, a fuerza de tajarla y bajarla, amarla y maltratarla, ésta va poco a poco cobrando calor y movimiento, comienza a respirar y a palpitar bajo sus dedos, hasta que se apropia, ella a su vez, de su deseo, de la implacable necesidad de ser colmada. La palabra se vuelve entonces tirana, reina en cada sílaba y en cada pensamiento del escritor, ocupa cada minuto de su día y de su noche, le prohíbe abandonarla hasta que esa forma que ha despertado en ella y que ella, ahora, también intuye, alcance a encarnar. El secreto del conocimiento corporal del texto se encuentra, en fin, en la voluntad de gozo, y es esa voluntad la que le hace posible al autor cumplir con sus otras voluntades, con su voluntad de hacerse útil, por ejemplo, o con su voluntad de construir y de destruir el mundo.

El segundo conocimiento que implica para mí la inmediatez al cuerpo del texto es un conocimiento intelectual, resultado directo de esa incandescencia a la que me precipita el deseo del texto. En todo escritor o escritora, en todo artista, existe un sexto sentido que le indica cuando ha alcanzado su meta, cuando ese cuerpo que ha venido trabajando ha adquirido ya la forma definitiva que debería tener. Alcanzado ese punto, una sola palabra de más (una sola nota, una sola línea), causará que esa chispa o estado de gracia, consecuencia de la amorosa lucha entre él y su obra, se extinga irremediablemente. Ese momento es siempre un momento de asombro y de reverencia: Marguerite Yourcenar lo compara a ese momento misterioso en que el panadero sabe que debe ya dejar de amasar su pan, Virginia Woolf lo define como el instante en que siente la sangre fluir de punta a punta por el cuerpo de su texto. La satisfacción que me proporciona ese conocimiento, cuando termino de escribir un cuento, es lo más valioso que he logrado salvar del fuego de la literatura.

III
"De cómo alimentar el fuego"

Quisiera ahora hablar un poco de ese combustible misterioso que alimenta toda literatura: el combustible de la imaginación. Me interesa este tema por dos razones: por el curioso escepticismo que a menudo descubro, entre el público en general, en cuanto a la existencia de la imaginación; y por la importancia que suele dársele, entre legos y profesionales de la literatura, a la experiencia autobiográfica del escritor. Una de las preguntas que más a menudo me han hecho, tanto extraños como amigos, es cómo pude escribir sobre Isabel la Negra, una famosa ramera de Ponce (el pueblo del cual soy oriunda) sin haberla conocido nunca. La pregunta me resulta siempre sorprendente, porque implica una dificultad bastante generalizada para establecer unos límites entre la realidad imaginada y la realidad vivencial, o quizá esta dificultad no sea sino la de comprender cuál es la naturaleza intrínseca de la literatura. A mí jamás se me hubiese ocurrido, por ejemplo, preguntarle a Mary Shelley si, en sus paseos por los bucólicos senderos que rodean el lago de Ginebra, se había topado alguna vez con un monstruo muerto-vivo de diez pies de altura, pero quizá esto se debió a que, cuando leí por primera vez a *Frankenstein,* yo era sólo una niña, y Mary Shelley llevaba ya muerta más de cien años. Al principio pensé que aquella pregunta ingenua era comprensible en nuestra isla, en un público poco acostumbrado a leer ficción, pero cuando varios críticos me preguntaron si había llegado a conocer personalmente a Isabel la Negra, muerta hacía pocos años, o si alguna vez había visitado su prostíbulo (sugerencia que inevitablemente me hacía sonrojar con violencia), me dije que la dificultad para reconocer la existencia de la imaginación era un mal de mayor alcance.

Siempre me había parecido que la crítica contemporánea le daba demasiada importancia al estudio de la vida de los escritores, pero aquella insistencia en la naturaleza impúdicamente autobiográfica de mis relatos me confirmó en mis temores. La importancia que han cobrado hoy los estudios biográficos parece basarse en la premisa de que la vida de los escritores hace de alguna manera más comprensibles sus obras, cuando en realidad es a la inversa. La obra del escritor, una vez terminada, adquiere una independencia absoluta de su creador, y sólo puede relacionarse con él en la medida en que le da un sentido profundo o superficial a su vida. Pero este tipo de exégesis de la obra literaria, bastante común hoy en los estudios de la literatura masculina, lo es mucho más en los estudios sobre la literatura femenina. Los tomos que se han publicado recientemente sobre la vida de las Brönte, por ejemplo, o sobre la vida de Virginia Woolf, exceden sin duda los tomos de las novelas de éstas. Tengo la solapada sospecha de que este interés en los datos biográficos de las escritoras tienen su origen en el convencimiento de que las mujeres son más incapaces de la imaginación que los hombres, y de que sus obras ejercen por lo tanto un pillaje más inescrupuloso de la realidad que la de sus compañeros artistas.

La dificultad para reconocer la existencia de la imaginación tiene en el fondo un origen social. La imaginación implica juego, irreverencia ante lo establecido, el atreverse a inventar un orden posible, superior al existente, y sin este juego la literatura no existe. Es por esto que la imaginación (como la obra literaria) es siempre subversiva. Concuerdo con Octavio Paz, en que existe algo terriblemente soez en la mente moderna, algo que tolera "toda suerte de mentiras indignas en la vida real, y toda suerte de realidades indignas", pero que no soporta la existencia de la fábula. Esto se refleja en la manera en que la literatura se enseña hoy en nuestras universidades: por medio de un acercamiento principalmente analítico al quehacer literario. En nuestros centros docentes se analiza de mil maneras la obra escrita: según las reglas del estructuralismo, de la sociología, de la estilística, de la semiótica y de muchas escuelas más. Cuando se ha terminado con ella, se la ha vuelto al derecho y al revés, hasta no quedar de ella otra cosa que una nube de sememas y de morfemas que flotan a nuestro alrededor. Es como si la obra literaria hubiera que dignificarla, desentrañándole, como a un reloj cuyos mecanismos se desmontan, sus secretas arandelas y tuercas, cuando lo importante no es tanto cómo funciona, sino cómo marca el tiempo. La enseñanza de la literatura en nuestra sociedad es admisible sólo desde el punto de vista del crítico: ser un especialista, un desmontador de la literatura, es un estatus dignificante y remunerante. Ser un escritor, sin embargo, jugar con la imaginación, con la posibilidad del cambio, es un quehacer subversivo, no es ni dignificante ni remunerante. Es por esto que en nuestros centros docentes se ofrecen tan pocos cursos de creación literaria, y es por esto que los escritores se ven, en la mayoría de los casos, obligados a ganarse la vida en otras profesiones, escribiendo literalmente "por amor al arte".

Aprender a escribir (no a hacer crítica literaria) es un quehacer mágico, pero también muy específico. También el conjuro tiene sus recetas, y los encantadores miden con precisión y exactitud la medida exacta de hechizo que es necesario añadir al caldero de sus palabras. Las reglas de cómo escribir un cuento, una novela o un poema, reglas para nada secretas, están ahí, salvadas para la eternidad en vasos cópticos por los críticos, pero de nada le valen al escritor si éste no aprende a usarlas.

La primera lección que los estudiosos de literatura deberían de aprender hoy en nuestras universidades es, no sólo que la imaginación existe, sino que ésta es el combustible más poderoso que alimenta toda ficción. Es por medio de la imaginación que el escritor transforma esa experiencia que constituye la principal cantera de su obra, su experiencia autobiográfica, en materia de arte.

IV
"Conclusión"

Quisiera ahora tocar directamente el tema al cual le he estado dando vueltas y más vueltas al fondo de mi cacerola desde el comienzo de este ensayo. El tema es hoy sin duda un tema borbolleante y candente, razón por la cual todavía no me había atrevido a ponerlo ante ustedes sobre la mesa. ¿Existe, al fin y al cabo, una escritura femenina? ¿Existe una literatura de mujeres, radicalmente diferente a la de los hombres? ¿Y si existe, ha de ser ésta apasionada e intuitiva, fundamentada sobre las sensaciones y los sentimientos, como quería Virginia, o racional y analítica, inspirada en el conocimiento histórico, social y político, como quería Simone? Las escritoras de hoy, ¿hemos de ser defensoras de los valores femeninos en el sentido tradicional del término, y cultivar una literatura armoniosa, poética, pulcra, exenta de obscenidades, o hemos de ser defensoras de los valores femeninos en el sentido moderno, cultivando una literatura combativa, acusatoria, incondicionalmente realista y hasta obscena? ¿Hemos de ser, en fin, Cordelias, o Lady Macbeths? ¿Doroteas o Medeas?

Decía Virginia Woolf que su escritura era siempre femenina, que no podía ser otra cosa que femenina, pero que la dificultad estaba en definir el término. A pesar de no estar de acuerdo con muchas de sus teorías, me encuentro absolutamente de acuerdo con ella en esto. Creo que las escritoras de hoy tenemos, ante todo, que escribir bien, y que esto se logra únicamente dominando las técnicas de la escritura. Un soneto tiene sólo catorce líneas, un número específico de sílabas y una rima y un metro determinados, y es por ello una forma neutra, ni femenina ni masculina, y la mujer se encuentra tan capacitada como el hombre para escribir un soneto perfecto. Una novela perfecta, como dijo Rilke, ha de ser construida ladrillo a ladrillo, con infinita paciencia, y por ello tampoco tiene sexo, y puede ser escrita tanto por una mujer como por un hombre. Escribir bien, para la mujer, significa sin embargo una lucha mucho más ardua que para el hombre: Flaubert re-escribió siete veces los capítulos de *Madame Bovary,* pero Virginia Woolf re-escribió catorce veces los capítulos de *Las olas,* sin duda el doble de veces que Flaubert porque era una mujer, y sabía que la crítica sería doblemente dura con ella.

Lo que quiero decir con esto puede que huela a herejía, a cocimiento pernicioso y mefítico, pero este ensayo se trata, después de todo, de la cocina de la escritura. Pese a mi metamorfosis de ama de casa en escritora, escribir y cocinar a menudo se me confunden, y descubro unas correspondencias sorprendentes entre ambos términos. Sospecho que no existe una escritura femenina diferente a la de los hombres. Insistir que sí existe implicaría paralelamente la existencia de una naturaleza femenina, distinta a la masculina, cuando lo más lógico me parece insistir en la existencia de una *experiencia* radicalmente diferente. Si existiera una naturaleza femenina o masculina, esto implicaría unas capacidades distintas en la mujer y en el hombre, en cuanto a la realización de una obra de arte, por ejemplo, cuando en realidad sus capacidades son las mismas, porque éstas son ante todo fundamentalmente humanas.

Una naturaleza femenina inmutable, una mente femenina definida perpetuamente por su sexo, justificaría la existencia de un estilo femenino inalterable, caracterizado por ciertos rasgos de estructura y lenguaje que sería fácil reconocer en el estudio de las obras escritas por las mujeres en el pasado y en el presente. Pese a las teorías que hoy abundan al respecto, creo que estos rasgos son debatibles. Las novelas de Jane Austen, por ejemplo, eran novelas racionales, estructuras meticulosamente cerradas y lúcidas, diametralmente opuestas a las novelas diabólicas, misteriosas y apasionadas de su contemporánea Emily Brontë. Y las novelas de ambas no pueden ser más diferentes de las novelas abiertas, fragmentadas y sicológicamente sutiles de escritoras modernas como Clarisse Lispector o Elena Garro. Si el estilo es el hombre, el estilo es también la mujer, y éste difiere profundamente no sólo de ser humano a ser humano, sino también de obra a obra.

En lo que sí creo que se distingue la literatura femenina de la masculina es en cuanto a los temas que la obseden. Las mujeres hemos tenido en el pasado un acceso muy limitado al mundo de la política, de la ciencia o de la aventura, por ejemplo, aunque hoy esto está cambiando. Nuestra literatura se encuentra a menudo determinada por una relación inmediata a nuestros cuerpos: somos nosotras las que gestamos a los hijos y las que les damos a luz, las que los alimentamos y nos ocupamos de su supervivencia. Este destino que nos impone la naturaleza nos coarta la movilidad y nos crea unos problemas muy serios en cuanto intentamos reconciliar nuestras necesidades emocionales con nuestras necesidades profesionales, pero también nos pone en contacto con las misteriosas fuerzas generadoras de la vida. Es por esto que la literatura femenina se ha ocupado en el pasado, mucho más que la de los hombres, de experiencias interiores, que tienen poco que ver con lo histórico, con lo social y con lo político. Es por esto también que su literatura es más subversiva que la de los hombres, porque a menudo se atreve a bucear en zonas prohibidas, vecinas a lo irracional, a la locura, al amor y a la muerte; zonas que, en nuestra sociedad racional y utilitaria, resulta a veces peligroso reconocer que existen. Estos temas interesan a la mujer, sin embargo, no porque ésta posea una naturaleza diferente, sino porque son el cosecho paciente y minucioso de su experiencia. Y esta experiencia, así como la del hombre, hasta cierto punto puede cambiar; puede enriquecerse, ampliarse.

Sospecho, en fin, que el interminable debate sobre si la escritura femenina existe o no existe es hoy un debate insubstancial y vano. Lo importante no es determinar si las mujeres debemos escribir con una estructura abierta o con una estructura cerrada, con un lenguaje poético o con un lenguaje obsceno, con la cabeza o con el corazón. Lo importante es aplicar esa lección fundamental que aprendimos de nuestras madres, las primeras, después de todo, en enseñarnos a bregar con fuego: el secreto de la escritura, como el de la buena cocina, no tiene absolutamente nada que ver con el sexo, sino con la sabiduría con la que se combinan los ingredientes.

TESTIMONIOS DE UNA ESCRITORA: ELENA PONIATOWSKA EN MICROFONO*

> Hubo una vez una mujer feliz de tener un secreto para ella sola, guardado, aprisionado, escondido en lo más íntimo de su ser, y fue su razón de vivir el conservarlo íntegro, hasta que el colmo de su dicha fue morirse sin habérselo revelado a nadie.**
>
> Vidaluz Meneses (1973)

Yo amo profundamente a Rosario Castellanos. Me gusta su poesía y ésta me ha dado mucho. También me dio mucho como ser humano, porque era una gente que sufrió mucho y siempre estaba dándole la vuelta a la ronda del desamor. Ella siempre creía que no la amaban y siempre se sentía, yo creo, que era una mujer frágil. Era una mujer delicada, muy dulce y muy alegre. Tenía una voz que sonaba como una campanita. Una voz muy cristalina y muy alegre. Ella es un ser que yo siempre tengo presente y pienso en ella muy seguido aunque en realidad le fuera mal; intentó suicidarse varias veces. Rosario hizo dos novelas indigenistas, *Balún-Canán* y *Oficio de tinieblas,* y es en el trabajo que hizo con estas dos novelas que pudiera haber una conexión con lo que yo escribo. *Balún-Canán* es sobre su infancia y su relación con su nana y con sus padres que eran blancos y hacendados. Está situada en Comitán, Chiapas, en San Cristó-

* Este texto es una transcripción de la charla que dio Elena Poniatowska en Smith College el 12 de noviembre de 1982, durante el Congreso Latinoamericano de Escritoras. La adaptación fue hecha por Patricia Elena González.

** Vidaluz Meneses, "Hubo una vez", en *El aire que me llama.* (Managua, Nicaragua: Centro de Publicaciones "Silvio Mayorga", Edición Primavera Popular 2, 1982.)

bal, muy cerca de la frontera con Guatemala. Ella es la primera en fijarse en cómo eran los indios, cómo eran los chapanecos, que se llaman chamulas; cómo era su vestimenta, cómo caminaban silenciosos. La casa era muy grande, con un patio, y los indígenas entraban a vender azúcar de piloncillo y comestibles y telas de Guatemala.

Rosario Castellanos estudió en España y fue discípula de Dámaso Alonso. Cuando regresó estuvo un año en un hospital por tuberculosis. Durante ese tiempo leyó muchísimo y decidió deshacerse de todas sus tierras. Las regaló en Chiapas. Hizo las novelas indigenistas y se dedicó a recorrer toda la sierra haciendo un teatro que se llamaba teatro Petul, en donde los personajes eran la pasta de dientes, la vacuna, el DDT, los desinfectantes y demás. Ella creaba estos personajes como el DDT que decía: "Niño, hay muchas cucarachas en tu cama,... las vamos a matar" y entonces el niño gritaba: "¡No, no! yo tengo miedo". Y así. Hizo cantidad de obras de teatro de enseñanza en dos idiomas indígenas muy hermosos.

Repito que me gusta muchísimo su poesía, aunque a los hombres en México no les gusta mucho Rosario porque dicen que chilla, que es llorona. Dicen que su poesía es de llanto y queja, pero a mí me parece que... o será que a mí me gusta chillar, no sé.

Hasta no verte Jesús mío es la historia de una mujer que existe, de carne y hueso. Tiene ahora 82 años. Es una mujer que en vez de envejecer, rejuvenece. Hizo la revolución mexicana, trabaja todo el día en un taller de imprenta, está de pie todo el día limpiando los fierros, los metales, poniéndolos en gasolina, y para ganar dinero extra lava los overoles de los trabajadores, es decir, los mete también en gasolina y los lleva a casa. Allí, los talla en un lavaderito que es una tablita de fierro y de madera y es un trabajo terrible porque es casi como lavar pedazos de cartón duros y tiesos. Jesusa es una Mujer que se eterniza y como que se está volviendo piedra, pero una piedra cada vez más ligada a lo que es real. Como anécdota, un día se murió el patrón de la imprenta donde ella trabajaba, Guillermo Gali, y llegaba mucha gente a darle el pésame a la viuda, estas gentes vestidas de negro con bolsas que hacen ruido al cerrarse —unas bolsas con unos cierres para que no se puedan robar el dinero— toda esa gente importante llegaba y le decía: "No llores, no llores..." y todas esas frases convencionales que decimos todos.

De repente llegó la Jesusa y le dijo: "Llora María, llora, que este hombre fue tu hombre y fue bueno contigo y te enseñó todo lo que tú sabes. Así que es muy bueno que tú llores, así que tú ponte a llorar. ¿Qué te importa que digan que estás llorando?" Entonces la viuda empezó a llorar y fue muy bonito porque era otra vez la voz de la tierra, la voz de lo que es real. Y cuando el sepulturero echó la tierra, Jesusa le quitó la pala y echó ella misma la tierra. Es una mujer extraordinaria que es una lección de fortaleza.

La conocí en la cárcel. Cuando empecé a hacer periodismo fui a la cárcel. Iba a la cárcel por puro interés porque pensé, bueno, los presos siempre están ahí, ellos no se van y tienen deseos de comunicación. Me escribió un preso homosexual para decirme que si no iba a verlo actuar en una obra. Entonces fui a ver esta obra donde él actuaba y me hice amiga de otros presos. Este primer contacto con la cárcel fue en 1958, cuando estuvo preso Demetrio Vallejo, que fue un líder ferrocarrilero que logró paralizar todo el país en tiempos del presidente López Mateos. En esos mismos años cayeron presos otros hombres conocidos como Filomeno Mata, el pintor David Alfaro Siqueiros que cayó preso poco tiempo después; y luego había un preso, Alvaro Mutis, que leía a Proust en su celda, a Musil, y ese fue el primer contacto con la cárcel. Luego el segundo fue en 1968 y para esa época había un lugar para mujeres y la Jesusa iba continuamente a la cárcel, pero no para visitar, sino porque caía presa, y yo la escuché hablar y la escuché también hablar en un lavadero en un edificio del centro y dije: "¿Pero qué mujer es ésta?" Porque le hablaba a la otra lavandera con un gran vigor y le decía: "¡Qué tonta eres!..." y yo dije: "¿Quién es esta mujer? Yo quiero conocerla, verla, oírla". Entonces le pregunté a la portera dónde vivía y así la fui a ver.

Ella me dio permiso de irla a visitar todos los miércoles, y yo fui todos los miércoles durante un año. Ella vivía muy lejos, cerca del aeropuerto. La primera vez pretendía llevar una grabadora, era una cosa enorme, prestada. Entonces ella me dijo: "Usted, me está robando la luz. ¿Dónde va a enchufar eso?" Dije: "Pues aquí". Me dijo: "Usted no lo puede enchufar aquí porque usted me está robando la luz. ¿Usted la va a pagar?" Dije: "No, pero yo quiero... sí, la pago". Dice: "Pues usted no va a saber cuánta luz consume". Entonces yo no pude usar grabadora, pero eso me hizo un gran bien porque en la noche yo reconstruía lo que ella me había dicho. Lo volvía a escribir al llegar a mi casa y así hice este libro, poco a poco. Ahora, tampoco lo hubiera hecho si yo no me voy de México porque se me volvió una tal obsesión que regresaba yo a verla y le decía: "Y el perro, ¿era amarillo o negro?, el perro ese que usted vio". Entonces me decía: "Ya le dije que era amarillo. Usted no entiende nada. Usted no oye". A ella la molestaba mucho mi escritura. Decía: "Tantos años de ir a la escuela y usted tiene tan pésima letra". Ella y yo teníamos una relación personal muy amorosa. Yo me di cuenta después que era muy amorosa, pero un poco conflictiva. Yo sentía que ella me despreciaba. Me decía: "Usted es una rota. Usted es una catrina. A ver, ¡lave el overol!" ¿Cómo podía yo? Me hacía que sacara yo sus gallinas a tomar el sol. Tenía cinco gallinas. Había que amarrar un mecatito a la pata de cada una de las gallinas. Llevarlas a la calle, tener mucho cuidado de que no pasara un coche y las fuera a machucar. Además era muy importante que esas gallinas tomaran el sol, porque como ustedes saben, si no lo toman los huevos no tienen cascarón. Lo que sale es lo que llaman la pura tecata, es decir, el interior del huevo envuelto en una pielecita... Así, yo salía allí y me sentaba en la banqueta y esperaba mucho rato y luego ella me gritaba: "A ver, ya métase". Pues ya me metía yo con las gallinas y las encerrábamos en unos cajones. Pero fue una experiencia para mí muy... yo creo la más bella experiencia, una de las más bellas que he tenido en mi vida... tratar con la Jesusa y tener esa amistad con ella y todo esto.

Ella sigue viviendo cada vez más lejos, cada vez con más dificultades pero con una salud extraordinaria. Hay gente bien alimentada y gente rica de 82 años que yo veo que no se comparan con su fortaleza, aunque parece muy demagógico. Hay gente muy bien alimentada, gente que tiene coche, gente que tiene todo en la vida, una muy buena cama, y yo no sé qué hace Jesusa, pero Jesusa les da a ustedes tres vueltas a la mesa. Ahorita Jesusa estaría aquí y estaría, no sé, diciendo una serie de cosas... Tiene un diente, un solo diente. A ella lo que le duele es la pérdida del pelo, dice: "Yo tenía un pelo negro que brillaba como la reina Xochi y ahora tengo unas trenzas chincolas", es decir, poquito pelo. Pero de todos modos es muy hermosa.

La Jesusa sí es una mujer oprimida, pero no lo es tampoco. Es una mujer oprimida porque viene del nivel más bajo de la sociedad, pero no está oprimida porque ella se salva sola. Ella tiene tal carácter y tal fuerza que quizás nosotros seamos más oprimidas que ella en muchas circunstancias. Ella es un fenómeno aislado y solitario que reúne características que no son las de la mujer mexicana. Ella es una mujer sin hijos, que no quiere tener hijos; es una mujer que no es religiosa, es espiritualista y se comunica con el más allá, pero no es católica. No es la abnegada mujercita mexicana, como se le dice: "Tú como el león para el combate y yo la paloma para el nido". Ella no tiene nada que ver con eso. Ella es una mujer que combate desde que tiene nueve o diez años, que toda su vida ha trabajado y ha luchado y no tiene nada que ver con los patrones clásicos.

Ella nunca deseó tener un hijo, es más generosa que eso, ella recogió hijos. Va mucho más allá que concebir y la panza y todo eso. Es una gente que si veía que los niños necesitaban una madre, ella los recogía y nada más les decía: "Orale, ¿no comió usted, no comió?... véngase, véngase". Y entonces se los llevaba con ella. Los niños duraban con ella un año, dos, un mes, dos. Le robaban. Una vez recogió un niño carnicerito que le robó todos los cuchillos y la dejó sin nada. Recogía también perros. Los perros también se iban. Veían una perra por la calle y entonces se iban con la perra. Ella dice: "Mi vida fue recoger niños y niños y perros y perros y todos se iban y me dejaban más sola de lo que estoy. Yo rascándome sola con mis propias uñas". Ella aceptó esta vida y fue de una generosidad extraordinaria porque a ella le parece bien. Si ella no tiene hijos, se acabó, ¿no? Y si no tiene hijos y ve que alguien está por la calle y necesita una madre —en México todos los niños necesitan una madre, o casi todos— pues, se lo lleva, lo recoge y se lo lleva a su casa, ¿no?

El lenguaje de Jesusa es un idioma compuesto con toda la gente que yo conozco desde mi infancia porque hay modismos de muchas partes del país. Es el lenguaje en general que utiliza la gente pobre, la gente que trabaja. Cuando yo llegué de Francia a México en mi casa me dijeron que yo no tenía por qué hablar español, yo llegaba y hablaba francés, que el español lo aprendería naturalmente en mi casa, pero ¿con quién? ...con las sirvientas, con las muchachas que trabajaban en la casa. En realidad yo a ellas les debo mi español, y he hablado un español que es el español que hablan las criadas en las casas, y lo hice durante muchísimo tiempo y lo hago todavía. Yo creo que eso me acercó mucho a ese mundo, e incluí en el libro este mundo que yo conocí, con el mundo de la Jesusa y lo mezclé. Este interés en ellas fortaleció mi interés en la Jesusa. Me preguntaba: ¿Quién es este ser que dice estas cosas y que tiene esta fortaleza cuando la vida no le ha dado nada de lo que nosotros consideramos necesario? No le ha dado ni un suéter.

El libro, ella lo rechaza, no le gusta. Se lo llevé en hojas la primera vez, era muy gordo, y se lo encuaderné color azul de cielo para que le gustara y me dijo: "No me dé eso, quíteme esa chingadera de ahí que nada más me estorba". Me dijo que no lo iba a leer. Por eso la portada del libro es el niñito de Atocha, que es un santo que a ella le gusta muchísimo. Ella me explicó que era el santo de las prostitutas, yo no lo sé, que porque es un santo que camina, porque tiene un guajito con agua y una canastita y un bastoncito. Yo lo escogí específicamente y cuando vio el libro le gustó y le pidió a su hijo que se lo leyera, y cuando lo leyó me dijo: "Usted inventa todo, son puras mentiras, no entendió nada, las cosas no son así". Y tenía razón porque realmente ella no me dictó el libro así en la oreja y yo no más escribí sino que traté de darle capítulos, darle una secuencia, hacer un libro.

Mi trabajo literario está hecho un poco a base de diálogos. Son todas mis muletas porque yo creo que lo que yo hago sola va a ser muy malo, pero al mismo tiempo yo me doy cuenta que invento muchas cosas. Muchas cosas no me las dicen en las entrevistas sino que las pongo porque me entusiasmo y las sigo haciendo. Yo soy ante todo periodista y desde que empecé a escribir en 1954 he escrito en los periódicos y recibo órdenes del trabajo que debo hacer. Recuerdo que el primer año hice 365 entrevistas, una entrevista diaria... y corría como una rata atarantada por toda la ciudad buscando a mis entrevistados. En México había mucho formalismo, mucha solemnidad. Se trataba a las grandes figuras, a los pintores se les tomaba mucho en serio, hacían declaraciones siempre para la posteridad y talladas en piedra, a mí me parecía raro. Yo venía de un convento de monjas de Estados Unidos y no sabía quién era Diego Rivera y le preguntaba: "Y esos dientes, ¿son de leche?" —"Sí, y con ellos me como a las niñas,"— y a partir de eso arrancaba una entrevista bastante estúpida y lo publicaban. La juventud lo salva a uno de todo. Este tipo de periodismo me ayudó en los proyectos futuros. Ahora intento trabajar en un libro que originalmente se me pidió como un guión de cine, película que no se filmó porque en México no hay dinero, no hay nada de nada... estamos viviendo una situación muy difícil, pero no de desde ahorita, desde la nacionalización, sino hace ya un año y medio, desde la primera devaluación. Me pidieron un guión sobre una mujer fotógrafa que vivió en México en los años 29 y que murió en México en 1942. Está enterrada en el cementerio de Dolores. Tiene su tumba con una muy bonita esfingie, un grabado de Leopoldo Méndez y un hermosísimo poema de Pablo Neruda abajo. Esta mujer se llama Tina Modotti. Octavio Paz me dijo: "Ay, pero yo no sé qué importancia le dan a esa stalinista, que además era una delatadora. ¿Qué interés tiene ella? Eso es perder el tiempo". Pero, yo hice un pequeño guión por encima, con gran rapidez en donde Tina Modotti estaba caminando por un mercado con Diego Rivera; iban escogiendo fruta y entonces ella escogía la fruta mexicana: una sandía, una papaya. Cuando se lo leí a Gabriel Figueroa, cineasta y fotógrafo mexicano que me lo encargó, se volteó y me dijo: "Está un poco desafortunado". Que era una manera caballerosa de decirme que era una porquería. Yo fui a mi casa y me dije: "Pero en realidad esta mujer amerita mucho más que un guión que se hace para el cine en dos meses. Amerita saber quién es ella, qué hizo. Además hay una Tina Modotti de Hollywood, que vive con Weston, que es actriz de cine, y llega a México y que se junta con la gente tipo Diego Rivera, Lupe Marín, pero también gente sofisticada; luego hay una Tina Modotti que se vuelve comunista, y se entristece, se envejece y muere hacia la guerra de España y habría que contar toda su historia. Su vida es una historia muy fascinante y tiene mucho que ver con la índole de la mujer, con lo que somos todas nosotras. Y estoy en proceso de hacer ese libro, pero al mismo tiempo va a salir un libro que es sobre los oficios y la manera de ser de los mexicanos antiguos, los que vivían en las calles, los vendedores ambulantes. Es la historia, por ejemplo, del camotero, el que vende los camotes, del abonero, del que vende los vestidos de puerta en puerta, del afilador de cuchillos, del que vende los globos, del organillero que tocaba en las esquinas de las cantinas y los bares. Es un libro sobre todo este México que está desapareciendo y que se va a llamar *El último guajolote*. Se llama *El último guajolote* porque en México en Navidad llegaba el guajolotero que era un señor que llevaba como treinta guajolotes por las calles con un palito y un mecate y así los empujaba. La gente salía y compraba su guajolote para las fiestas, pero cerca del día 23 ó 24 quedaban dos guajolotes, los que tenían los músculos más duros que los de Charles Atlas y nadie los quería comprar. Al final el guajolotero se regresaba a su pueblo y les hablaba a sus últimos guajolotes, maldiciéndolos porque nadie los quería comprar. Es éste pues un México que ya no existe. Como, por ejemplo, el México de una festividad maravillosa que nosotros tenemos, "El Día de los Muertos", donde comemos calaveras de azúcar con nuestros nombres, donde se pone un altar al muerto con su retrato y todo lo que más le gustaba. Si al muerto le gustaba la cerveza, se le ponían sus cuatro cervecitas; si le gustaba el tequila, su tequila, el pan, el mole, el platillo de su predilección, entonces el muerto bajaba en la noche y se comía todo y al día siguiente es la fiesta. Pero todo eso se ha perdido por la cochina influencia del Halloween. Yo creo que este tipo de libro como que recupera un poco el México antiguo. Es un libro de nostalgia...

DESDE LA ENTRAÑA DEL MONSTRUO: VOCES "HISPANAS" EN EE.UU.*

Eliana Ortega

"Anyway, there's twenty million of us in this country, what are we going to do about it?" pregunta desafiante Dolores Prida, dramaturga cubana residente en Nueva York, dando comienzo así a una serie de discusiones sobre la obra de las escritoras *hispanas* en los Estados Unidos.

Efectivamente, los veinte millones de latinoamericanos residentes en los Estados Unidos son de las llamadas "minorías étnicas", el grupo que crece con mayor rapidez y que amenaza con transformarse en el más numeroso de ellas. Su importancia numérica no es lo único que observan muy de cerca políticos, sociólogos, educadores y estadistas. El hecho de que después de varias generaciones la inmigración *hispana* se resista a la asimilación cultural, el hecho, por ejemlo, de que los *hispanos* han hecho de Nueva York una ciudad bilingüe, desconcierta e inquieta a los observadores que ven así desbaratado el mito del "melting-pot", como lo atestigua la producción artística de esta población *hispana* residente en EE.UU.

Se trata de una población *hispana* muy diversa, con historias nacionales diferentes, que han ido llegando en diferentes épocas, y que, como en el caso de los chicanos, ya llevan más de trescientos años en el ahora territorio estadounidense. El sesenta por ciento de la población *hispana* en EE.UU. lo constituye el pueblo de origen mexicano, los chicanos; le siguen

* Las ideas expuestas en estos breves apuntes intentan reflejar algunas de las opiniones recogidas en varias cintas grabadas durante el encuentro de escritoras, con la esperanza de suscitar el interés y provocar futuras discusiones al respecto. Al usar el adjetivo *hispana/o*, bastardilla, quiero hacer hincapié en que es un gentilicio impuesto por la cultura dominante al pueblo latinoamericano en EE.UU.

alrededor de dos millones de puertorriqueños y millones de dominicanos, cubanos, centro y sudamericanos distribuidos a lo largo y lo ancho del país. A pesar de su diversidad, ésta es una población con una historia común: la de nuestra América. En efecto, los *hispanos* de EE.UU. son descendientes directos de aquella "América Española Una" que Gabriela Mistral veía "unificada por dos cosas estupendas: la lengua que le dio Dios y el dolor que le da el del Norte".[1]

La obra de estas escritoras que viven en EE.UU. es testimonio de dicha identidad americana. Hay sin embargo algunos que se resisten a aceptarla como parte de nuestra realidad latinoamericana, y el hecho de que parte de esa obra esté escrita en inglés es razón suficiente para negarle su hispanidad. La verdad es que esta obra no puede ser juzgada únicamente con criterios lingüísticos y debe estudiarse tomando en cuenta todo el proceso histórico del que surge (mal que mal, veinte millones de inmigrantes latinos a EE.UU. no es un accidente; es una realidad histórica latinoamericana muy real, aunque dolorosa). Hay que estudiarla en su contexto, "dentro de la sociedad norteamericana esencialmente discriminatoria, y estudiar el rol social, político y cultural que desempeña dentro de ella".[2]

Ciertamente éste fue el enfoque de las discusiones en los talleres y en las ponencias sobre la literatura de las latinas residentes en EE.UU. Asistieron las puertorriqueñas Luz María Umpierre y Olga Casanova, las chicanas Cherríe Moraga y Gloria Anzaldúa, la cubana Dolores Prida, la chilena Marjorie Agosín y la dominicana Chiqui Vicioso. Sentimos la ausencia de las poetas Lorna Dee Cervantes y Sandra María Esteves quienes a último momento no pudieron estar presentes. Aunque no siempre de acuerdo, todas coincidieron en una preocupación constante: dar a conocer su obra que permanece ignorada tanto por estadounidenses como por latinoamericanos. El problema, como explicaron, es múltiple. La mayoría de su obra aparece en revistas o libros de editoriales que no pueden competir con el mercado de las grandees editoriales. Explica

[1] Gabriela Mistral, "América: el grito", en *Antología General de Gabriela Mistral* (Santiago de Chile: Homenaje de Orfeo), p. 161.

[2] Ver: Armando Fernández y Haroldo Dilla, "Tendencias políticas en la comunidad puertorriqueña: explotación y resistencia", *Areito,* Vol. VIII, Nº 29, 1982.

una de las participantes: "Producimos, pero no entramos en el sistema de distribución y de difusión de las editoriales poderosas. Así, nuestra obra no llega al público en general, ni siquiera a nuestro público. Necesitamos todo tipo de cooperación, como ésta de hoy, para darnos a conocer". Reconocieron también la importancia de estar presentes en una conferencia de literatura latinoamericana, porque como es bien sabido, el mundo académico les ha cerrado las puertas también. Debemos tener presente que no fue hasta la década de los años 60 y principios de los años 70 que los "estudios tercer-mundistas" se imponen en las universidades estadounidenses. Es sólo entonces que la literatura de los latinos, por ejemplo, aparece en el mercado. Este no fue un fenómeno ni aislado ni accidental, sino que su literatura se da a conocer precisamente porque "se empieza a distribuir en forma más sistemática y se empieza a distribuir desde los lugares donde se definen las normas del sistema imperante, siendo la academia uno de ellos".[3]

La complejidad y diversidad de la experiencia de las latinas que escriben en EE.UU. es (como se pudo apreciar en las diferentes sesiones, y como lo atestigua la temática, la forma y el lenguaje de su obra) enorme. Las perspectivas son también tan diferentes como lo son las escritoras mismas. Existe, eso sí, un común denominador entre ellas: todas son *hispanas* que viven en EE.UU. con toda la conflictiva realidad que el vivir en este país les significa. Las une entonces el hecho de ser mujeres que pertenecen a una cultura diametralmente opuesta a la cultura dominante estadounidense. Son mujeres que no son ni racial ni culturalmente europeas, a quienes la mayoría dominante percibe como "diferentes" y por lo mismo son víctimas de una discriminación racial, no siempre explícita, pero sí bien conocida por los *hispanos* en EE.UU.

En su mayoría la escritora *hispana*, especialmente la chicana y la puertorriqueña nacida y criada en este país, se identifica como mujer tercer-mundista, y se identifica políticamente con la clase trabajadora. Ellas hacen diferencia entre su obra y la de algunas escritoras latinoamericanas de una élite privilegiada, que a veces viven en EE.UU. en exilio voluntario, y que no se identifican como *hispanas*. Es necesario entonces ubicar

[3] Roberto Márquez, Panel de "Hispanic Literature in the U.S.", Encuentro de escritoras latinoamericanas, noviembre 1982.

la obra de las *hispanas* en EE.UU. en el contexto de un análisis clasista de la comunidad latina en los EE.UU. Así lo expresó una de las invitadas al taller de escritoras *hispanas:* "Se trata de un problema racial como también de un conflicto de clases. Lo que une a las latinas de acá, es su identificación con lo autóctono; nos une el reclamar la raíz indígena de nuestra cultura. En este país, debemos identificarnos como *gente de color*, porque así se nos percibe. Aquellas mujeres latinoamericanas privilegiadas tendrán que mirar a las puertorriqueñas y chicanas y decirles: 'Uds. son nuestras hermanas porque nosotras también estamos dispuestas a decir que somos *de color*'."

No se quiere imponer así un criterio "pan-hispánico" ni "pan-étnico", que es uno de los errores al tratar de encasillar a todas las escritoras latinas bajo una sola etiqueta. Pero sí se quiere señalar lo que se hizo evidente en la conferencia: esta literatura es considerada como marginal y es marginada tanto por la élite latinoamericana como por el chauvinismo anglosajón. Es hora de cambiar esta situación y destacar el carácter central de esta literatura para todos los que se identifican con ella.

Desde esa perspectiva las escritoras en EE.UU. definen su identidad como mujeres *hispanas* en la búsqueda constante de un estilo personal y un lenguaje propio. Como *hispanas* escriben para dar expresión y denunciar la constante opresión, la destrucción de su herencia cultural; para reclamar el derecho a retener su herencia, y responder a la opresión, la miseria y la injusticia. Es por lo tanto una literatura muchas veces beligerante, de denuncia y de una consciencia histórica bien definida. Sandra María Esteves en su poema "From Fanon" nos da la visión histórica y el compromiso político presente en la poesía de la mujer latina en EE.UU.:

...
As slaves we lost identity
assimilating our master's values
overwhelming us to become integrated shadows
undefined and dependent

...
Now the oppressor has an international program
and we sit precariously within the monster's mechanism

internalizing anguish from comrades
planning and preparing a course of action.[4]

Es una literatura con los pies muy en la tierra, y muy en esta tierra. Una literatura que ya no idealiza el pasado ni busca escapar al pasado como lo hacían las generaciones anteriores. Explica Dolores Prida:

> Es importante recordar cuando se habla de las escritoras latinas en U.S.A. que se trata de nuestra realidad dentro de este país. De cómo nos vemos nosotras acá. Yo no puedo escribir sobre Cuba, ni de que Fidel o no Fidel, porque mi realidad está acá, no allá. Y sobre todo, en el caso de las chicanas y puertorriqueñas, hay que recordar que son parte integral del trasfondo histórico y de la opresión, también histórica, de este país.

Esta literatura es por lo tanto, la expresión de un pueblo en la intersección de dos culturas, que se nutre de diversas tradiciones y que se enriquece de ellas. A la vez, es la expresión del choque constante con la cultura dominante y expresa la escisión que experimenta, sobre todo, la mujer, al enfrentarse a la cultura opresora. En su poema "Heritage", Lorna Dee Cervantes expresa mejor que nadie la dolorosa escisión en una mezcla tensa del español y el inglés:

I didn't ask to be brought up tonta!
My name hangs about me like a loose tooth.
Old women know my secret,
"Es la culpa de los antepasados"
Blame it on the old ones.
They give me a name
that fights me.[5]

En su obra estas escritoras rechazan la integración total a la cultura estadounidense y abogan por mantener vivos su len-

[4] Sandra María Esteves, "From Fanon" en *Yerba Buena* (Greenfield Center, N.Y.: The Greenfield Review Press, 1980), p. 4.

[5] Lorna Dee Cervantes, "Heritage" en Dexter Fisher ed., *Third Women: Minority Women Writers of the United States* (Boston: Houghton Mifflin Co., 1980), p. 304.

guaje y su cultura. Sin embargo, al hacerlo, no dejan de cuestionar y destruir los mitos y los aspectos de su propia cultura que la mantienen oprimida. Al dirigirse al hombre latino por ejemplo, Lorna Dee Cervantes en su poema "Para un revolucionario" le reprocha su machismo y rechaza el rol doméstico al que se somete a la mujer:

> Pero your voice is lost to me, carnal,
> in the wail of tus hijos,
> in the clatter of dishes
> and the pucker of beans upon the stove.
> Your conversations come to me
> de la sala where you sit,
> where you spread that dream like damp clover
> for them to trod upon,
> when I stand here reaching
> para ti con manos bronces that spring
> from mi espíritu
> (for I too am Raza).[6]

Como observa Luz María Umpierre, es así que la escritora *hispana* está tratando de redefinir las culturas nacionales, y en esa labor debe batallar con dos fuerzas opuestas: una, que la lleva a la construcción y otra a la destrucción. Dice: "En su poesía las hispanas quieren recrear su cultura pero eliminar al mismo tiempo aquellos aspectos que la atan, por lo que se da un proceso doble en su escritura: uno de creación y otro de destrucción. En ese proceso estamos dando una nueva definición de la cultura: lo que es para nosotras dentro del contexto de este país".

Al rechazar los mitos, los estereotipos y las deformaciones con que tradicionalmente se define a la mujer *hispana*, las escritoras actuales trascienden esas limitaciones. Dejan de ser una voz personal, o plañidera, para alzar una voz colectiva, comprometidas con el futuro de todo un pueblo señalando así un nuevo camino. Al hacerlo, rompen con la cultura dominante, rompen con la tradición opresora y crean un nuevo espacio cultural. En él, establecen un equilibrio entre su pasado

[6] Lorna Dee Cervantes, "Para un revolucionario", en *Third Women*, p. 381.

ancestral, al que acuden constantemente en busca de sus raíces más auténticas, y el presente inmediato que les ha tocado vivir acá. El poema "A Julia y a mí" de Sandra María Esteves es un buen ejemplo del proceso de redefinición cultural. Termina así:

> A ti Julia, ya será tarde
> pero a mí no
> Yo vivo!
> y grito si me duele la vida
> y canto con la gente
> y bailo con mis hijas
> no soy lágrimas de ser
> soy el río
> la mariposa y la culebra
> My fist is my soul
> it cuts into the blood of dragons
> and marks time with the beat
> of an afrocuban drum.[7]

Al invocar la figura de Julia de Burgos, Sandra María se ubica con ella en la mejor tradición de poesía latinoamericana. Basándose en ella, la poeta transforma toda una cosmovisión y la imagen de la mujer latina. Transforma la "debilidad" femenina en arma poderosa y rebelde, y transforma el dolor en canto. Sus versos finales en inglés, de vigoroso ritmo afroantillano, nos confirman una vez más su identidad. De esta manera, Sandra María Esteves, como todas las escritoras latinas en EE.UU., desde "la entraña misma del monstruo" nos enseñan "otro modo de ser".

[7] Sandra María Esteves, "A Julia y a mí", en *Yerba Buena,* p. 50.

Participantes

JUAN BRUCE NOVOA: Profesor de literatura latinoamericana en la Universidad de California, Santa Barbara. Autor de un poemario *Inocencia Perversa/Perverse Innocence* (1977), de *Chicano Authors: Inquiry by Interview* (1980) y de *Chicano Poetry: A Response to Chaos* (1982). Ha trabajado también sobre Juan García Ponce y hace traducciones. Este año está de profesor visitante en la Universidad de Mainz, en Alemania Federal.

SARA CASTRO-KLAREN: Crítica y profesora de literatura latinoamericana en Dartmouth College. Autora de *El mundo mágico de José María Arguedas* (1973) y de un gran número de artículos sobre narrativa contemporánea (Arguedas, Vargas Llosa, Cortázar, García Márquez, Guimaraes Rosa). En el presente trabaja en dos libros: *The Discourse of Alienation and Solitude in Latin American Literature* y *Quetism and autism in García Márquez.*

ROSARIO FERRE: Escritora, poeta y ensayista puertorriqueña. Autora de *Papeles de Pandora* (1979), *Sitio a Eros* (1980) y *Fábulas de la garza desangrada* (1982). También ha escrito libros de cuentos infantiles: *La mona que le pisaron la cola* (1981) y *Los cuentos de Juan Bobo* (1981).

JUAN GELPI: Profesor puertorriqueño de literatura hispanoamericana en Smith College. Ha publicado ensayos sobre Pedro Salinas y la nueva narrativa puertorriqueña (Luis Rafael Sánchez, Rosario Ferré y Manuel Ramos Otero). Prepara un libro sobre la poesía de José Gorostiza.

PATRICIA ELENA GONZALEZ: Teatrera colombiana. Profesora de literatura y teatro latinoamericano en Smith College. Ha publicado artículos sobre el teatro latinoamericano y últimamente investiga el nuevo teatro cubano. Premio César Rengifo por su trabajo *El nuevo teatro colombiano*, 1982.

JOSEFINA LUDMER: Crítica argentina, autora de *Cien años de soledad: una interpretación* (1972) y *Onetti: los procesos de construcción del relato* (1977) y varios ensayos críticos sobre Puig, Hidalgo, Cabrera Infante y Osvaldo Camborghine. Actualmente escribe un libro sobre la literatura gauchesca.

RONALD MENDEZ-CLARK: Profesor puertorriqueño de literatura hispanoamericana en Fordham University. Se interesa por la ficción hispanoamericana contemporánea, y ha trabajado la obra de Bianco, Bryce Echenique y el puertorriqueño Rodríguez Juliá. Ha publicado artículos sobre Onetti, y actualmente elabora un libro sobre la ambigüedad narrativa en Onetti.

SYLVIA MOLLOY: Argentina, ocupa la *Emory L. Ford Chair of Spanish* en la Universidad de Princeton. Cultiva conjuntamente la crítica literaria y la ficción. Es autora de *La Diffusion de la Littérature hispano-americaine en France* (ensayo, 1972), de *Las letras de Borges* (ensayo, 1979) y de *En breve cárcel* (novela, 1981). Ha publicado numerosos cuentos en Hispanoamérica y artículos sobre narrativa contemporánea (Onetti, Rulfo, Silvina Ocampo, Felisberto Hernández). Trabaja en estos momentos sobre la figura y el texto de Rubén Darío y también sobre el discurso autobiográfico en Hispanoamérica. Proyecta la publicación de un volumen de cuentos, *El guardián de mi hermano*.

GABRIELA MORA: Profesora chilena en la Universidad de Rutgers. Autora de artículos sobre literatura latinoamericana y de *Hostos intimista: introducción a su diario* (1976) y *Feminist Literary Criticism* (1981).

ELIANA ORTEGA: "Chilena, soltera, con profesión": enseña literatura latinoamericana en Mount Holyoke College. Ha trabajado la literatura puertorriqueña tanto la de la isla como la de los Estados Unidos. Escribe una novela, testimonio de una mujer mapuche.

ELENA PONIATOWSKA: Periodista y escritora mexicana. Autora de *Hasta no verte Jesús mío* (1969), *La noche de Tlatelolco* (1971), *De noche vienes* (1979), *Querido Diego te abraza Quiela* (1978), *Fuerte es el silencio* (1981).

MARTA TRABA: Crítica de arte y escritora argentina. Ha publicado un poemario *Historia natural de la alegría* (1950) y varias novelas: *Las ceremonias del verano* (1966), *Homérica Latina* (1974), *Conversación al Sur* (1981).

La composición tipográfica
de este volumen se realizó
en los Talleres de
Ediciones Huracán, Inc.
Ave. González 1002
Río Piedras, Puerto Rico.
Se terminó de imprimir el
25 de agosto de 1985
en Editora Corripio, C. por A.
Santo Domingo, República Dominicana.